Manuel de lecture CE2

Agnès Durande-Ayme,
professeur des Écoles

Ateliers de théâtre :

Alicia Fleury,
professeur de théâtre

Illustrations : Ingrid Vang Nyman, Jérôme Brasseur,
Jean-Noël Rochut, Carole Gourrat, Anne Cresci
Maquette : Studioprint

26, rue Vercingétorix
75014 PARIS
Dépôt légal : avril 2014
ISBN : 978-2-369400-18-9

SOMMAIRE

AVANT-PROPOS

LE BUT

D'après les instructions officielles, « L'étude des textes, et en particulier des textes littéraires, vise à développer les capacités de compréhension, et à soutenir l'apprentissage de la rédaction autonome. »
Conformément à ces principes, notre manuel de lecture CE2 propose aux élèves cinq œuvres de la littérature enfantine classique (issues de la liste cycle 3 du ministère), ainsi qu'un accompagnement pédagogique simple, progressif et systématique pour encourager le plaisir de la lecture, la compréhension de texte et l'apprentissage de la rédaction.

LA CHARPENTE

- Les cinq œuvres se répartissent sur les cinq périodes de l'année scolaire.
- Chaque extrait d'œuvre est découpé en quatorze épisodes.
- Chaque semaine, deux épisodes sont à étudier avec, pour chacun d'entre eux, du vocabulaire expliqué, des questions de compréhension ainsi que des phrases à construire ou un texte à composer.
- Dans le but de développer chez l'élève le plaisir de lire, nous avons préféré proposer une mise en page continue des textes, avec les pages d'exercices placées à la fin de chaque extrait.

L'UTILISATION

1. Lecture du texte et explication du vocabulaire.

- L'enseignant peut au choix lire le texte lui-même ou demander à un bon lecteur de le faire pendant que le reste de la classe suit sur son manuel.
- Il est possible de lire le texte de manière dialoguée quand celui-ci s'y prête. L'enseignant peut alors distribuer un rôle différent à plusieurs élèves.
- L'explication du vocabulaire peut se faire en fin de lecture, ou tout au long de la lecture. Les définitions permettent aux élèves d'accéder au sens des mots en passant par une explication, un contraire, un synonyme, une famille de mots...
- Une fois le texte bien compris, l'enseignant peut enfin demander aux élèves de lire à tour de rôle.

Compétences associées :

- Lire une œuvre intégrale ou de larges extraits d'une œuvre longue.
- Lire à haute voix avec fluidité et de manière expressive un extrait de texte.

2. Questions de compréhension.

- L'enseignant (ou un élève) lit les questions. Les élèves, le livre ouvert à la page du texte, y répondent en formulant des phrases structurées et bien construites. Ils ont ainsi le texte sous les yeux pour rechercher les indices permettant de répondre aux questions.
- Les questions concernent soit des faits précis (compréhension littérale), soit des faits implicites (compréhension fine) ou font appel aux connaissances des élèves (œuvres, personnages, auteurs, thèmes).
- Ces questions peuvent être traitées à l'oral ou à l'écrit.

Compétences associées :

- Comprendre un texte littéraire : reformuler, répondre à des questions sur ce texte.
- Dans un récit, s'appuyer sur le repérage des différents termes désignant un personnage, sur les temps des verbes et sur les mots de liaison pour comprendre avec précision la chronologie des événements, sur les deux-points et guillemets pour repérer les paroles des personnages.
- Établir des relations entre des textes ou des œuvres.

3. Rédaction

Dans ce manuel, « la rédaction de textes fait l'objet d'un apprentissage régulier et progressif », comme le demandent les instructions officielles.

- Les exercices « Construire une phrase » permettront une révision de quelques notions, de grammaire, d'orthographe et de vocabulaire, indispensables pour bien écrire.
- Les exercices « Composer un petit texte » proposent des rédactions guidées et progressives. Les élèves apprendront à narrer des faits réels, à décrire, à expliquer, à inventer des histoires, à résumer des récits, à écrire des dialogues, en respectant des consignes de composition et de rédaction.

Compétences associées :

- Proposer une réponse écrite, explicite et énoncée dans une forme correcte.
- Rédiger un court texte narratif, un court dialogue en veillant à sa cohérence temporelle et à sa précision, en évitant les répétitions par l'usage de synonymes et en respectant les contraintes syntaxiques et orthographiques ainsi que la ponctuation.
- Restituer par écrit l'essentiel d'un texte descriptif ou narratif.
- Améliorer un texte en fonction des remarques et aides du maître.

ATELIERS DE THÉÂTRE

Ce manuel propose pour chaque œuvre, un atelier de théâtre clef en main, conforme à la brochure *Le théâtre à l'école* publiée par l'Éducation Nationale. La plupart des exercices sont inspirés de grands maîtres de l'histoire du théâtre, tels Étienne Decroux, Jerzy Grotowski et Peter Brook pour le travail du corps; Paul Gravollet pour la déclamation, Constantin Stanislavski pour l'imaginaire et le sensoriel.

Objectifs des séances

Séance 1 : LA PAROLE - PARLER DEVANT LES AUTRES
Éveiller la confiance individuelle et la bienveillance du groupe
Développer l'écoute
Prendre la parole seul devant un groupe

Séance 2 : LE CORPS - MIMER
Développer la conscience du corps (souffle, équilibre, précision du geste)
Découper une action dans sa chronologie
Découverte du mime

Séance 3 : LA VOIX - CONSTRUIRE UNE SAYNÈTE
Développer la conscience de la voix (respiration, perception fine de l'instrument vocal, désinhibition, articulation)
Composer un personnage avec des caractéristiques physiques et vocales
Improviser une saynète à partir d'un texte

Séance 4 : LES ÉMOTIONS - IMPROVISER À PARTIR D'UN TEXTE
Développer la conscience du corps (les articulations, le regard, le mouvement empêché)
Exprimer des émotions
Développer l'autonomie dans l'improvisation

Séance 5 : L'IMAGINAIRE SENSORIEL - JOUER EN CHŒUR
Relaxation et imaginaire sensoriel
Improviser à partir d'une contrainte d'espace
Découverte du chœur

Semaine 1

Astrid Lindgren

Fifi Brindacier

Traduit du suédois par Alain Gnaedig - Illustrations d'Ingrid Vang Nyman

Fifi s'installe à la villa Drôlederepos

1 À la limite de la toute petite ville, il y avait un vieux jardin envahi par les mauvaises herbes. Une vieille maison se trouvait dans ce jardin et c'est dans cette maison que vivait Fifi Brindacier. Elle avait neuf ans et elle y vivait toute seule, sans papa ni maman. C'était plutôt chouette car il n'y avait personne pour lui dire d'aller se coucher au moment où elle s'amusait le plus, personne pour l'obliger à avaler une cuillerée d'*huile de foie de morue* quand elle avait surtout envie de manger des bonbons.

Fifi avait eu autrefois un papa qu'elle adorait et, bien sûr, elle avait eu aussi une maman. Mais c'était il y a si longtemps qu'elle ne s'en souvenait plus du tout. La maman de Fifi était morte quand celle-ci n'était qu'un tout petit bébé qui braillait si fort dans sa poussette que personne n'arrivait à rester à côté d'elle. Fifi pensait que sa maman se trouvait au ciel et qu'elle l'observait par un petit trou entre les nuages. Fifi lui faisait souvent un petit signe et lui disait :

— Ne t'inquiète pas ! Je me débrouillerai toujours !

Fifi n'avait pas oublié son papa. Il était *capitaine au long cours* et il avait navigué sur tous les océans. Fifi l'avait accompagné sur son navire, jusqu'au jour où il avait disparu en mer, emporté par une vague au cours d'une tempête. Mais Fifi en était sûre : un jour, il reviendrait. Elle ne croyait pas du tout qu'il s'était noyé. Non, il avait certainement rejoint une île remplie de *Cannibales*. Voilà : il était devenu le roi des Cannibales et il *se pavanait* toute la journée avec une couronne en or sur la tête.

— Mon papa est roi des Cannibales, c'est pas tout le monde qui a un papa comme ça ! disait- elle avec satisfaction. Dès que mon papa aura construit un bateau, il viendra me chercher et je serai la princesse des Cannibales. Ah ! là ! là ! On rigolera bien !

VOCABULAIRE 1

Autrefois, **l'huile de foie de morue** était donnée à la cuillère aux enfants. Elle était riche en vitamines, mais avait très mauvais goût !

Un **capitaine au long cours** est le commandant d'un bateau faisant de longs voyages.

Un **cannibale** désigne un mangeur d'hommes.

Se pavaner signifie marcher avec orgueil.

2 Des années plus tôt, son papa avait acheté la vieille maison dans le jardin. Il comptait y habiter avec Fifi sur ses vieux jours, quand il ne pourrait plus courir les océans. Mais, hélas ! il avait disparu et, en attendant son retour, Fifi s'était installée dans la villa *Drôlederepos*. Drôle de nom pour une maison, mais elle s'appelait pourtant bien comme ça. Bien meublée, la maison n'attendait qu'elle. Un beau soir d'été, Fifi avait dit au revoir à tous les marins du bateau de son papa. Ils adoraient Fifi et Fifi les adorait aussi.

— Au revoir, les gars ! leur dit-elle en les embrassant l'un après l'autre sur le front. Ne vous inquiétez pas pour moi ! Je me débrouillerai toujours ! Elle emporta deux choses du bateau : un petit singe appelé M. Nilsson – cadeau de son papa – et une grosse valise bourrée de pièces d'or. Accoudés au *bastingage*, les matelots regardèrent Fifi s'éloigner. Elle marcha d'un pas ferme sans se retourner, M. Nilsson perché sur l'épaule et la valise à la main.

— C'est une enfant extraordinaire, dit l'un des matelots en essuyant une larme quand Fifi disparut hors de leur vue.

Il avait bien raison. Fifi était une petite fille tout à fait extraordinaire. Ce qu'il y avait de plus extraordinaire chez elle, c'était sa force. Il n'existait pas dans le monde entier un policier aussi costaud qu'elle. Elle était même capable de soulever un cheval si elle en avait envie. Et cette envie la prenait de temps en temps. Elle possédait un cheval qu'elle avait acheté avec une de ses nombreuses pièces d'or le jour même de son arrivée à la villa Drôlederepos. Elle avait toujours rêvé d'avoir un cheval à elle ; le cheval *trônait* désormais sous la véranda. Mais quand Fifi avait envie d'y prendre son quatre-heures, elle soulevait le cheval et le déposait dans le jardin comme si de rien n'était.

VOCABULAIRE 2

Le **bastingage** désigne les barrières placées autour du pont d'un bateau, pour éviter de tomber à l'eau.

Trôner signifie être mis à une place d'honneur. Le trône désigne en effet le siège d'un roi.

3 À côté de la villa *Drôlederepos*, il y avait un autre jardin avec une autre maison. Dans cette maison vivaient un papa, une maman et leurs deux charmants enfants, un garçon et une fille, Tommy et Annika. C'étaient deux enfants très gentils, obéissants et bien élevés. Tommy ne se rongeait jamais les ongles, il était toujours bien peigné et faisait presque toujours ce que sa maman lui disait.

Annika ne rouspétait jamais quand elle était contrariée et elle faisait toujours attention à ne pas salir ses vêtements *fraîchement* repassés. Tommy et Annika jouaient gentiment dans leur jardin mais ils regrettaient souvent de ne pas avoir de petits camarades. À l'époque où Fifi parcourait les océans avec son papa, il leur arrivait de s'approcher de la clôture en se disant :
« Quel dommage que personne ne vive dans cette maison ! Quelqu'un devrait y habiter, quelqu'un avec des enfants. »
Lorsque, par un beau soir d'été, Fifi franchit la première fois *le seuil* de la villa *Drôlederepos*, Tommy et Annika n'étaient pas chez eux. Ils étaient partis une

semaine chez leur grand-mère et ne savaient donc pas que quelqu'un avait emménagé dans la maison voisine. Le lendemain de leur retour, quand ils regardèrent dans la rue, ils ne savaient toujours pas qu'une camarade de jeu se trouvait juste à la porte d'à côté. Tandis qu'ils se demandaient si la journée allait leur réserver des surprises ou si ce serait une journée tout à fait comme les autres, la grille de la villa *Drôlederepos* s'ouvrit et une petite fille apparut sur le seuil. Tommy et Annika n'avaient jamais vu une petite fille aussi étonnante. Fifi Brindacier partait faire sa promenade matinale. Voilà de quoi elle avait l'air :
Ses cheveux roux comme des carottes étaient tressés en deux nattes qui se dressaient de chaque côté de la tête. Son nez, parsemé de taches de rousseur, avait la forme d'une petite *pomme de terre nouvelle*. Sous ce nez, on voyait une grande bouche aux dents *saines* et blanches. Sa robe était fort curieuse. Fifi l'avait faite elle-même. Elle aurait dû être bleue mais, *à court* de tissu bleu, Fifi avait décidé d'y coudre des petits morceaux rouges çà et là. Elle portait *des bas* – un marron, un noir – sur ses grandes jambes maigres. Et puis, elle était chaussée de souliers noirs deux fois trop grands pour elle. Son papa les lui avait achetés en Amérique du Sud pour que les pieds de Fifi aient la place de grandir un peu. Fifi n'en avait jamais voulu une autre paire.

VOCABULAIRE 3

Fraîchement : récemment. Des tomates fraîches sont des tomates cueillies il y a peu de temps.

Le seuil de la villa est la porte d'entrée.

Une pomme de terre nouvelle est petite et délicatement sucrée.

Des dents **saines** sont des dents en bonne santé.

« Fifi était **à court** de tissu bleu » signifie qu'elle n'en avait plus.

Les bas de Fifi sont des chaussettes longues et fines, comme en utilisent souvent les femmes adultes.

4 Tommy et Annika *écarquillèrent les yeux* en apercevant le singe perché sur l'épaule de la nouvelle venue : *râblé*, avec une longue queue, il était vêtu d'un pantalon bleu, d'une veste jaune et d'un *canotier* blanc.

Fifi descendit la rue, une jambe sur le trottoir, l'autre dans le caniveau. Tommy et Annika la suivirent du regard aussi longtemps qu'ils purent. Peu après, elle était de retour. Fifi revenait en marchant à reculons – pour éviter d'avoir à faire demi-tour en rentrant. Elle s'arrêta à la hauteur de Tommy et d'Annika. Les enfants se dévisagèrent en silence. Finalement, Tommy prit la parole :
— Pourquoi marches-tu à reculons ?
— Pourquoi je marche à reculons ? C'est un pays libre, non ? J'ai le droit de marcher comme ça me plaît ! Et puis, permets-moi de te dire qu'en *Égypte* tout le monde marche à reculons. Et ça ne choque personne.
— Comment le sais-tu ? Tu n'es jamais allée en *Égypte*.
— Je n'y suis pas allée ? Alors là, je peux te jurer que si ! J'ai fait le tour du monde et j'ai vu des choses autrement plus bizarres que des gens qui marchent à reculons. Je me demande ce que tu dirais si je marchais sur les mains, comme les gens en *Extrême-Orient*.
— Je suis sûr que tu mens, répliqua Tommy.
Fifi réfléchit un instant.
— Bon, d'accord, c'était un mensonge, répondit-elle, désolée.
— C'est vilain de mentir, dit Annika qui avait enfin retrouvé sa langue.
— Oui, c'est très vilain, ajouta Fifi, encore plus désolée. Mais, tu comprends, il m'arrive parfois de l'oublier. Et comment peux-tu exiger d'une petite fille

comme moi qu'elle dise toujours la vérité ? Ma maman est un ange, mon papa est le roi des Cannibales et j'ai passé ma vie à naviguer, alors, comment veux-tu que j'y arrive ? Et puis, je vais vous confier quelque chose, ajouta-t-elle avec un grand sourire envahissant son visage couvert de taches de rousseur. Au *Congo*, vous ne trouverez personne qui dise la vérité. Les gens mentent tout le temps, du matin au soir. Alors, si par accident il m'arrivait de mentir, essayez de me pardonner en vous disant que c'est parce que j'ai passé beaucoup de temps au *Congo*. Nous pourrions bien être amis, pas vrai ?
— Bien sûr, répondit Tommy en se disant soudain que la journée ne s'annonçait pas tout à fait comme les autres.

VOCABULAIRE 4

Écarquiller les yeux : ouvrir grand les yeux.

Râblé signifie trapu, robuste, costaud.

Un **canotier** est un chapeau de paille, à bord plat, orné d'un ruban.

L'**Égypte** et le **Congo** sont des pays du continent africain.

L'**Extrême-Orient** est la partie la plus à l'Est de l'Asie. Orient est une autre manière de dire « Est » ; et Occident une autre manière de dire « Ouest ».

5 — Au fait, pourquoi ne viendriez-vous pas prendre votre petit déjeuner chez moi ? demanda Fifi.
— Euh... Pourquoi pas ? répondit Tommy.
— Allez ! On y va tout de suite, renchérit Annika.
— Mais il faut d'abord que je vous présente M. Nilsson.
Le petit singe salua poliment les enfants en soulevant son chapeau.
Ils poussèrent la grille *branlante* du jardin de la villa *Drôlederepos*, montèrent l'allée de gravier bordée d'arbres moussus (des arbres faits pour que l'on y grimpe) et arrivèrent devant la véranda. Le cheval dévorait son *picotin* versé dans une *soupière*.
— Mais qu'est-ce que ton cheval fait sous la véranda ? demanda Tommy. Pour ce dernier, la place d'un cheval était à l'*écurie*.
— Eh bien, dit Fifi après mûre réflexion, dans la cuisine, il serait toujours sur mon chemin. Et il ne se plaît pas au salon.
Tommy et Annika caressèrent le cheval et entrèrent dans la maison. Il y avait une cuisine, un salon et une chambre, mais Fifi ne s'était pas souciée du ménage depuis un bon bout de temps. Tommy et Annika se tenaient sur leurs

gardes, au cas où ce roi des Cannibales serait *tapi* dans un coin. Il faut dire qu'ils n'avaient jamais vu de roi des Cannibales. Ils ne virent pas plus de papa. Ni de maman d'ailleurs. Annika demanda avec inquiétude :
— Tu vis toute seule ici ?
— Pas du tout. Tu oublies M. Nilsson et mon cheval.
— Ce n'est pas ce que je voulais dire. Tu n'as ni papa ni maman avec toi ?
— Non, ni l'un ni l'autre.
— Mais alors, qui te dit d'aller te coucher quand c'est l'heure ? reprit Annika.
— Moi. D'abord je me le dis gentiment et, si je n'obéis pas, je le répète sévèrement. Si je n'obéis toujours pas, je me promets une fessée ! Vous me suivez ?
Tommy et Annika ne comprenaient pas tout à fait mais ils pensèrent que cette méthode n'était peut-être pas si mauvaise.

VOCABULAIRE 5

La grille est **branlante**, c'est-à-dire qu'elle bouge. Elle est ancienne et n'a pas été entretenue.

Le picotin est une mesure qu'on utilisait autrefois pour l'avoine. Un picotin correspond à deux litres et demi.

Une **soupière** est un grand récipient, avec deux anses et un couvercle, dans lequel on sert la soupe, le potage.

L'**écurie** est l'endroit où les chevaux sont logés. On peut également y trouver des mulets et des ânes.

Être **tapi** dans un coin, du verbe se tapir, signifie se cacher.

6

Entre-temps, ils étaient arrivés à la cuisine et Fifi s'écria :

— Et maintenant on va cuire des crêpes,
et maintenant on va frire des crêpes,
et maintenant on va servir des crêpes !

Sur quoi elle s'empara de trois œufs et les lança en l'air. Un œuf se brisa sur sa tête et le jaune lui dégoulina dans les yeux. Les deux autres, par contre, s'écrasèrent *prestement* dans une casserole.

— J'ai toujours entendu dire que le jaune d'œuf était bon pour les cheveux, dit Fifi en s'essuyant les yeux. Vous allez voir, ils vont pousser à toute vitesse ! D'ailleurs, au Brésil, tout le monde se promène avec du jaune d'œuf dans les cheveux. C'est pour ça qu'il n'y a pas de *chauves*. Sauf ce vieux monsieur tellement stupide qui mangeait ses œufs au lieu de s'en tartiner le crâne.

Bien entendu, il s'est retrouvé *sans un poil sur le caillou*. Quand il sortait dans la rue, il y avait un tel bazar que l'on était obligé d'appeler la police.

Tout en parlant, Fifi avait habilement retiré les coquilles de la casserole avec ses doigts. Elle prit une brosse de bain qui traînait par là et se mit à fouetter la pâte à crêpe avec une ardeur telle qu'il en gicla partout sur les murs. Elle versa ce qui restait dans une poêle posée sur le fourneau. Quand les crêpes étaient bien cuites d'un côté, elle les faisait sauter en l'air et les rattrapait dans la poêle. Lorsqu'elles étaient cuites des deux côtés, Fifi leur faisait effectuer un vol plané à travers la cuisine pour atterrir directement dans une assiette posée sur la table.

— Allez ! cria Fifi. Mangez pendant que c'est chaud !

Tommy et Annika trouvèrent les crêpes excellentes. Fifi les invita ensuite à passer au salon, qui ne comportait qu'un seul meuble : un énorme *secrétaire* muni d'une foule de petits tiroirs. Fifi les ouvrit et montra à Tommy et Annika tous les trésors qu'elle y cachait. Il y avait d'extraordinaires œufs d'oiseaux, des coquillages et des pierres étranges, de magnifiques petites boîtes, des miroirs en argent, des colliers de perles et bien d'autres choses encore que Fifi et son papa avaient achetées au cours de leurs voyages autour du monde.

Fifi donna un cadeau en souvenir à chacun de ses nouveaux camarades. Tommy reçut un canif au manche de *nacre* étincelante et Annika un petit *écrin* dont le couvercle était recouvert de morceaux de coquillages. Une bague ornée d'une pierre verte se dissimulait à l'intérieur.

— Si vous rentrez chez vous maintenant, vous pourrez revenir demain matin, dit Fifi. Car si vous ne partez pas, vous ne pourrez pas revenir non plus. Et ça serait vraiment dommage.

Tommy et Annika étaient bien d'accord et ils s'en allèrent. Ils passèrent à côté du cheval, qui avait terminé son avoine, et M. Nilsson agita son chapeau quand ils franchirent la grille de la villa *Drôlederepos*.

VOCABULAIRE 6

Prestement signifie rapidement.

Un **chauve** est un homme qui n'a plus **un poil sur le caillou,** c'est-à-dire qu'il n'a plus de cheveux.

Un **secrétaire** est un beau meuble à tiroirs et à casiers comportant une surface pour écrire.

La **nacre** est une matière aux reflets étincelants. Elle est très recherchée. On la trouve à l'intérieur de certains coquillages.

Un **écrin** est un petit coffret pour ranger des bijoux ou des objets précieux.

7 Naturellement, Tommy et Annika allaient à l'école. Ils s'y rendaient chaque matin à huit heures, main dans la main et leurs livres sous le bras.
À cette heure-là, Fifi s'occupait habituellement de soigner son cheval ou d'enfiler son petit costume à M. Nilsson. Ou bien encore elle faisait sa gymnastique matinale, qui consistait en un enchaînement de quarante-trois *sauts périlleux*. Ensuite, elle s'asseyait sur la table de la cuisine et buvait tranquillement un grand bol de café avec ses tartines.
Sur le chemin de l'école, Tommy et Annika lançaient des regards d'envie en direction de la villa *Drôlederepos*. Ils auraient tant préféré aller jouer avec Fifi. Ah ! si seulement Fifi était allée à l'école, elle aussi !
— Qu'est-ce qu'on s'amuserait tous les trois en revenant de l'école ! dit Tommy.
— Oui, et en y allant aussi, ajouta Annika.
Plus ils y pensaient, plus ils trouvaient triste que Fifi n'aille pas à l'école. Pour finir, ils décidèrent d'essayer de la convaincre.
Un après-midi, alors que Tommy et Annika s'étaient rendus à la villa *Drôlederepos*, après avoir *consciencieusement* fait leurs devoirs, Tommy dit à Fifi, sans avoir l'air d'y toucher :
— Tu ne peux pas savoir combien notre maîtresse est gentille.
— Et si tu savais combien on s'amuse à l'école, ajouta Annika. Je serais malade si je n'y allais pas. Assise sur un tabouret, Fifi se lavait les pieds dans une bassine. Elle ne dit rien, se contentant d'agiter les orteils, en éclaboussant un peu autour.
— Et puis, on n'y reste pas toute la journée, poursuivit Tommy, seulement jusqu'à deux heures de l'après-midi.
— Et puis, il y a les vacances de Noël, de Pâques et les grandes vacances, renchérit Annika.
Fifi se mordit le gros orteil l'*air songeuse*, mais toujours sans rien dire. Soudain, elle renversa vivement la bassine d'eau sur le plancher de la cuisine. M. Nilsson, qui jouait dans son coin avec un miroir, eut son pantalon trempé.
— C'est injuste, dit Fifi avec force, sans se soucier de M. Nilsson, *consterné* par son pantalon ruisselant. C'est vraiment trop injuste ! Je ne vais pas *tolérer* ça plus longtemps !
— Quoi donc ? demanda Tommy.
— Noël est dans quatre mois, et vous aurez des vacances de Noël. Mais moi,

qu'est-ce que j'aurai ? dit Fifi d'une voix attristée. Moi, je n'aurai pas du tout de vacances de Noël. Il faut que ça change. Demain, je vais à l'école.
Tommy et Annika applaudirent, ravis.
— Hourra ! Nous t'attendrons devant notre porte à huit heures.
— Non, non, non. Je ne peux pas commencer si tôt. Du reste, j'irai à l'école à cheval.
Ce qu'elle fit.

VOCABULAIRE 7

Un **saut périlleux** est une acrobatie où le corps fait un tour sur lui-même. Cela demande beaucoup d'entraînement.

Tommy et Annika ont travaillé **consciencieusement**, c'est-à-dire, sérieusement, avec une grande application.

Avoir l'**air songeur,** c'est être absorbé par une pensée. Fifi est pensive, elle est dans ses rêveries. L'adjectif « songeur » vient du nom « songe » qui signifie « rêve ».

Consterné est un contraire de « content ». Le singe, M. Nilsson, est chagriné de s'être fait mouiller.

Le verbe **« tolérer »** est un synonyme d'« accepter ». Fifi n'accepte pas les injustices, notamment celle de ne pas avoir de vacances.

8 Le lendemain, à dix heures pile, elle souleva son cheval de la véranda et, un moment plus tard, tous les gens de la petite ville se précipitèrent à leurs fenêtres pour voir quel était donc ce cheval qui avait dû s'échapper. Le cheval ne s'était nullement échappé, il s'agissait seulement de Fifi qui était un peu en retard pour aller à l'école. Elle entra dans la cour de l'école au triple galop, descendit du cheval à toute vitesse, l'attacha à un arbre, poussa la porte de la classe d'un grand coup – ce qui fit sursauter Tommy, Annika et tous leurs gentils camarades.
— Salut tout le monde ! cria Fifi en agitant son grand chapeau. Est-ce que j'arrive à temps pour la nulplication ?
Tommy et Annika avaient expliqué à leur maîtresse qu'une nouvelle devait venir et qu'elle s'appelait Fifi Brindacier. La maîtresse, qui habitait la petite ville, avait déjà entendu parler de Fifi. Et comme c'était une maîtresse très gentille, elle avait décidé de faire tout son possible pour que Fifi se plaise à l'école.

Fifi s'installa sur un banc vide, sans demander la permission à *quiconque*. La maîtresse ne fit pas attention à ces *mauvaises manières* ; elle lui dit seulement :
— Bienvenue à l'école, ma petite Fifi. J'espère que tu vas te plaire et que tu apprendras plein de choses.
— Et moi, j'espère que j'aurai des vacances de Noël ! C'est pour ça que je suis là. *La justice* avant tout !
— Et si tu me disais ton nom et tes prénoms afin que je puisse t'inscrire ?
— Je m'appelle Fifilotta, Provisionia, Gabardinia, Pimprenella Brindacier, fille du capitaine Éfraïm Brindacier, ex-terreur des océans, désormais roi des Cannibales. Fifi est le surnom que m'a donné mon papa, il trouvait que Fifilotta était trop long à dire.
— Dans ce cas, nous t'appellerons Fifi également. Si nous commencions par évaluer un peu tes connaissances ? Tu es une grande fille et tu sais sûrement déjà beaucoup de choses. Que dirais-tu d'un peu de calcul ? Une addition, par exemple. Combien font 7 et 5 ?
Fifi observa la maîtresse, l'air surprise et fâchée.
— Si tu ne le sais pas toi-même, ne compte pas sur moi pour trouver la solution à ta place !
Les enfants regardèrent Fifi avec horreur. La maîtresse expliqua que l'on ne répondait pas de cette manière à l'école. On ne disait pas « *tu* » à la maîtresse mais « *vous* » et on l'appelait « *Mademoiselle* ».
— Excusez-moi, répondit Fifi, gênée. Je ne savais pas. Je ne recommencerai plus.

— Je l'espère bien. Et je te dirai que 7 et 5 font 12.
— Tu vois bien ! Tu le savais ! Alors, pourquoi me le demander ? Oh ! là ! là ! je t'ai encore dit « tu ». Pardon, dit Fifi en se donnant une grande claque sur l'oreille.

VOCABULAIRE 8

Fifi s'installa sur un banc vide, sans demander la permission à **quiconque**, c'est-à-dire à personne.

Fifi a de **mauvaises manières**, elle manque de savoir-vivre et n'applique pas les règles de politesse.

Faire régner **la justice**, c'est exiger le respect des droits. Le contraire de la justice est l'injustice.

Le nom **« Mademoiselle »** est un signe de politesse pour s'adresser aux jeunes filles et aux femmes célibataires, au même titre que « Madame » pour une femme mariée et « Monsieur » pour un homme.

Le tutoiement **(tu)** et le vouvoiement **(vous)** : lorsque nous nous adressons à un proche, nous utilisons le pronom personnel **« tu »**. En revanche, nous utilisons le pronom personnel **« vous »**, pour vouvoyer une personne en signe de respect (un adulte, un inconnu, une personne âgée). Dans notre récit, le vouvoiement est une marque de respect des élèves envers leur maîtresse.

SEMAINE 5

9 La maîtresse fit comme si de rien n'était et poursuivit l'interrogation :
— Eh bien, Fifi, combien font 8 et 4 ?
— Environ 67.
— Pas du tout. 8 et 4 font 12.
— Ah, mais ma petite dame, ça ne va pas du tout. Tu viens de me dire que c'est 7 et 5 qui font 12. Même dans une école, il doit y avoir un semblant d'ordre. Et puis, si tu tiens tellement à toutes ces bêtises, pourquoi ne t'installes-tu pas dans un coin en nous laissant tranquillement jouer à chat ? Oh ! Là ! là ! Voilà que je t'ai encore dit « tu » ! Est-ce que tu peux me pardonner pour cette fois encore ? Je vais essayer de m'en souvenir maintenant.

La maîtresse accepta. Par contre, elle abandonna l'idée d'enseigner le calcul à Fifi. Elle interrogea d'autres élèves.

— Tommy, si Lisa a 7 pommes et si Axel en a 9, combien en ont-ils tous les deux ?

— Oui, vas-y, Tommy, intervint Fifi. Et réponds-moi à ça par la même occasion : si Lisa a mal au ventre et si Axel a encore plus mal au ventre, à qui la faute et où ont-ils *fauché* les pommes ?

La maîtresse fit comme si elle n'avait pas entendu et se tourna vers Annika :

— Gustav est allé en *excursion* avec ses camarades de classe. Il avait un *franc* en partant, il lui reste 15 centimes à son retour. Combien a-t-il dépensé ?

— Oui, cria Fifi, et j'aimerais bien savoir comment il a gaspillé l'argent, s'il a acheté de la limonade et s'il s'est bien lavé derrière les oreilles avant de partir.

La maîtresse décida d'abandonner complètement l'*arithmétique*.

Peut-être Fifi aimerait-elle mieux apprendre à lire ? Elle prit alors une belle image représentant une île. Juste au-dessus de l'île, il y avait la lettre « i ».

— Regarde, Fifi, voilà quelque chose d'amusant, dit la maîtresse d'une voix encourageante. Tu vois une îîîîîîle et la lettre au-dessus de l'îîîîîîîîle est un « i ».

— Ça, je ne le croirai jamais ! Je trouve que ça ressemble plutôt à un trait avec une crotte de mouche par-dessus. Et j'aimerais bien savoir quel rapport il y a entre une crotte de mouche et une île.

La maîtresse sortit la planche suivante, qui représentait un serpent, et dit à Fifi que la lettre à côté était un « s ».

— À propos de serpent, je n'oublierai jamais la fois où je me suis battue contre un serpent géant, en *Inde*. Un serpent abominable de quatorze mètres et méchant comme une *teigne*. Chaque jour, il dévorait cinq Indiens – et deux enfants au dessert –, et il s'était dit que je ferais un bon dessert. Il s'est enroulé autour de moi – crac, crac ! – mais « moi, j'ai appris des trucs en mer », que je lui ai dit, et je lui ai tapé sur la tête – Pan ! – et il a sifflé – sch, sch, sch ! – et je lui ai donné un deuxième coup sur la tête – Pan ! Aïe ! – et il est tombé raide mort. Alors, moi, toutes ces histoires de lettre « aisse », ça me paraît drôlement *tiré par les cheveux*...

Fifi devait tout de même reprendre son souffle de temps en temps.

VOCABULAIRE 9

Un exemple des mauvaises manières de Fifi est son langage familier. Ici elle utilise le verbe **faucher** pour dire voler.

Une **excursion** est un voyage ou une promenade. Les excursions avec la classe ont lieu dans un but de découverte, de recherche et d'apprentissage.

Le **franc** est l'ancienne monnaie française. Un euro correspond à 6 francs et cinquante centimes.

L'**arithmétique** est un cours de mathématiques sur les nombres.

L'**Inde** est un pays du sud de l'Asie.

La **teigne** désigne une espèce d'insecte. Familièrement, le mot teigne désigne une personne désagréable et méchante.

L'expression **« tiré par les cheveux »** s'utilise pour parler d'une histoire ou d'une explication difficile à croire, abracadabrante.

10 La maîtresse, qui trouvait que Fifi était une petite fille très turbulente, en profita pour dire aux élèves de dessiner. Au moins, Fifi resterait tranquille un moment. Et la maîtresse distribua du papier et des crayons.

— Vous pouvez dessiner tout ce que vous voudrez, dit-elle en s'installant à son bureau pour corriger les cahiers d'exercices. Quelques minutes plus tard, elle leva la tête pour voir comment les enfants se débrouillaient avec leurs dessins. Tous avaient les yeux fixés sur Fifi qui, installée par terre, dessinait *allègrement*.

— Mais enfin ! Fifi ! Pourquoi ne dessines-tu pas sur le papier ? demanda la maîtresse, *exaspérée*.

— Il y a un bon moment que je l'ai utilisé ! Mon cheval ne peut pas tenir sur un petit bout de papier ridicule ! Là, j'en suis aux jambes de devant, mais quand j'en serai à la queue, je vais me retrouver dans le couloir.

La maîtresse réfléchit longuement.

— Et si nous chantions une chanson ? proposa-t-elle.

Les enfants se levèrent tous, excepté Fifi, qui ne bougea pas du plancher.

— Mais allez-y, chantez, moi, je me repose un peu. Trop de *savoir* peut vous *ruiner la santé*, quand on manque d'entraînement.

Cette fois-ci, la patience de la maîtresse *était à bout*. Elle ordonna aux élèves de sortir dans la cour ; elle avait deux mots à dire à Fifi, en particulier.

Lorsque la classe fut vide, Fifi s'approcha du bureau de la maîtresse.

— Tu sais, oh pardon, vous savez, mademoiselle, c'était vachement marrant

de voir ce que vous faites. Mais je ne crois pas que l'école soit pour moi. J'essaierai de m'arranger autrement pour les vacances de Noël. J'attrape mal à la tête avec toutes ces pommes, ces îîîîles et ces serpents. Mais j'espère que ça ne te fera pas de peine, maîtresse.

La maîtresse répondit que si, ça lui faisait de la peine. Surtout parce que Fifi refusait de se tenir *convenablement* et qu'aucune petite fille qui se conduisait aussi mal que Fifi n'aurait le droit de venir à l'école, même si elle en avait très envie.

— Je me suis mal tenue, moi ? demanda Fifi, étonnée. Mais, mais je n'en savais rien ! dit-elle, très triste. Et Fifi avait vraiment l'air d'être la petite fille la plus triste du monde. Elle resta un moment silencieuse avant de reprendre, avec des tremblements dans la voix :

— Tu comprends, mademoiselle, quand on a une maman qui est un ange, un papa qui est roi des Cannibales et quand on a passé sa vie à courir les océans, eh bien, on ne sait pas très bien comment se tenir à l'école au milieu de toutes ces pommes et de ces îîîîîles.

La maîtresse dit qu'elle comprenait et qu'elle n'était plus triste pour Fifi. Fifi pourrait peut-être revenir à l'école quand elle serait un peu plus grande. Fifi, *rayonnant de joie*, dit alors :

— Je trouve que tu es drôlement gentille, mademoiselle. Tiens, c'est pour toi !

Fifi sortit de sa poche une magnifique montre en or et la déposa sur le bureau.

La maîtresse dit qu'elle ne pouvait accepter un tel cadeau. Fifi l'interrompit :

— Il le faut ! Sinon, je reviendrai demain ! Et je te promets que ce sera le bazar !

Fifi traversa la cour de l'école en courant et sauta sur le dos de son cheval.

VOCABULAIRE 10

L'adverbe « **allègrement** » est un synonyme de joyeusement. Fifi dessine avec allégresse, avec entrain.

L'adjectif « **exaspérée** » montre que la maîtresse est au comble de l'énervement. Elle est fortement irritée.

Le savoir constitue l'ensemble des connaissances acquises lorsqu'on étudie. Le contraire du **savoir** est l'ignorance.

Ruiner sa santé, c'est la détruire, se rendre malade.

La maîtresse de Fifi **est à bout**, elle est épuisée. **Être à bout**, c'est être très fatigué, très en colère, ou sur le point d'éclater en sanglots.

Se tenir **convenablement**, c'est avoir une attitude conforme aux règles établies par la classe, la société, le bon sens.

Fifi trouve un warou

11 Un matin, fidèles à leur habitude, Tommy et Annika entrèrent dans la cuisine de Fifi en criant « Bonjour ! » Pas de réponse. Fifi était installée sur la table, tenant dans ses bras M. Nilsson, le petit singe, avec un grand sourire aux lèvres.

— Bonjour ! répétèrent-ils.

— Rendez-vous compte, dit Fifi, l'air songeuse, rendez-vous compte, c'est moi qui l'ai trouvé. Moi, et personne d'autre !

— Mais qu'as-tu donc trouvé ? demandèrent Tommy et Annika. (Ils n'étaient pas du tout surpris que Fifi ait trouvé quelque chose – elle n'arrêtait pas – mais ils voulaient savoir quoi.) Allez, Fifi, qu'as-tu trouvé ?

— Un mot nouveau, répondit-elle en regardant ses amis, comme si elle s'apercevait juste de leur présence. Un mot *flambant neuf.*

— Quel mot ? demanda Tommy.

— Un mot super. Un des meilleurs que je connaisse.

— Allez, dis-le, renchérit Annika.

— Warou, annonça triomphalement Fifi.

— Warou ?? ? répéta Tommy. Qu'est-ce que ça veut dire ?

— Si seulement je le savais. Tout ce que je sais, c'est que ça ne signifie pas aspirateur.

Tommy et Annika réfléchirent un moment.

Pour finir, Annika demanda :

— Mais alors, si tu ne sais pas ce que ça signifie, il ne sert à rien ?

— Eh oui, et c'est bien ce qui me *tracasse.*

— Mais qui a donc décidé, au début, ce que les mots doivent signifier ? demanda Tommy.

— Je parie que c'est un tas de vieux profs. On *est en droit* de se dire que les gens sont bizarres. Voyez un peu les mots qu'ils inventent ! « Bassine », « truelle », « corde », etc. Un vrai mystère de savoir où ils sont allés les chercher. Mais « warou », un mot formidable, ils le laissent de côté. Quelle chance de l'avoir trouvé ! Et je vais tout de suite *dénicher* ce qu'il veut dire.
Fifi réfléchit un moment.
— Warou ! Je me demande si ce n'est pas le sommet d'un mât peint en bleu ?
— Il n'y a pas de mâts peints en bleu, répliqua Annika.
— Tu as raison, ça n'existe pas. Est-ce que ce ne serait pas le bruit que l'on fait en marchant pieds nus dans la boue ? Voyons ce que ça donne : « Annika a sauté dans la boue en faisant des warous magnifiques. »
Fifi secoua la tête.
— Non, non, ça ne colle pas. Quand on saute dans la boue, ça fait floc-floc !
Elle se gratta la tête.
— Ça devient de plus en plus mystérieux. Mais, quoi qu'il en soit, je trouverai. Peut-être qu'on en vend dans les magasins ? Venez avec moi, on va demander !
Tommy et Annika n'avaient rien contre.

VOCABULAIRE 11

On utilise le mot « **flambant** » en parlant de personnes ou de choses qui ont de l'éclat. On imagine bien un objet **flambant neuf**, c'est-à-dire avec un bel éclat car jamais utilisé. Ici, le mot « warou » est flambant neuf car il est beau et personne ne l'a jamais prononcé puisqu'il sort de l'imagination de Fifi.

Fifi se **tracasse**, s'inquiète à l'idée que son nouveau mot soit inutile.

Fifi et ses amis **sont en droit** de se dire que les gens sont bizarres. C'est-à-dire qu'ils ont l'autorisation, la permission, la liberté de penser cela.

Dénicher signifie découvrir. Fifi est bien décidée à trouver la signification de son nouveau mot.

12 Fifi ouvrit sa valise pleine de pièces d'or.
— Warou... Ça m'a l'air cher. Autant que je prenne une pièce d'or.
Ce qu'elle fit. Comme d'habitude, M. Nilsson se percha sur son épaule puis Fifi descendit le cheval de la véranda.
— On prend le cheval, il s'agit de se dépêcher. Il ne faudrait pas qu'il ne reste plus de warous en arrivant en ville. Je ne serais pas étonnée que le maire ait acheté le dernier. »Le cheval galopa dans les rues de la petite ville avec Fifi, Tommy et Annika sur son dos. Ses sabots résonnaient si fort sur les *pavés* que tous les enfants l'entendirent. Ils se précipitèrent ; la venue de Fifi leur faisait toujours tellement plaisir.
— Où vas-tu, Fifi ? crièrent-ils.
— Je vais acheter un warou, répondit Fifi en freinant le cheval.
Les enfants s'arrêtèrent *net, interloqués.*
— C'est bon ? demanda un petit garçon.
— Humm, répondit Fifi en passant la langue sur ses lèvres. C'est délicieux. Du moins, ça en a tout l'air.
Elle s'arrêta devant une pâtisserie et fit descendre Tommy et Annika. Ils entrèrent dans le magasin et Fifi demanda :
— Je voudrais un sachet de warous. Ceux qui croustillent.
— Des warous ? demanda la charmante demoiselle au comptoir. Je ne crois pas que nous en ayons.
— Mais voyons, tous les magasins bien *approvisionnés* en ont.
— C'est que nous venons de vendre le dernier, répondit la demoiselle.
Elle n'avait jamais entendu parler de warou mais refusait d'*admettre* que sa boutique soit mal approvisionnée.
— Oh ! Vous en aviez hier, alors ? S'il vous plaît, dites-moi à quoi ça ressemble. Je n'ai jamais vu de warou ! Est-ce que ça a des rayures rouges ?
La demoiselle rougit et reprit :
— Euh... Je ne sais pas ce que c'est. Mais, en tout cas, nous n'en n'avons plus.
C'est une Fifi désolée qui sortit du magasin.
— Eh bien, je vais continuer à chercher. Je ne rentrerai pas sans mon warou.

VOCABULAIRE 12

Les **pavés** sont des blocs de pierre ou de béton utilisés pour des voies piétonnières, dans des lieux historiques ou sur de courtes distances de route. Les voies romaines et moyenâgeuses étaient pavées.

En entendant le mot nouveau et étrange de « warou » , les enfants sont **interloqués**, c'est-à-dire qu'ils sont étonnés. Ils sont tellement surpris qu'ils s'arrêtent **net**, tout à coup.

Un magasin est bien **approvisionné** lorsqu'il est suffisamment fourni en produits nécessaires à ses clients.

Le verbe « **admettre** » est un synonyme du verbe « accepter ». La pâtissière refuse d'admettre, de reconnaître son ignorance concernant les « warous ».

SEMAINE 7

13 Le magasin voisin était une *quincaillerie*. Un vendeur accueillit poliment les enfants.
— Bonjour, je voudrais un warou. Mais je veux le meilleur, celui qui résiste aux lions.
Le vendeur prit un air rusé.
— Voyons, voyons, dit-il en se grattant l'oreille, voyons, voyons...
Il tendit un petit râteau à Fifi.
— Est-ce que ça fera l'affaire ? demanda-t-il. Fifi le regarda avec indignation.
— Ça, c'est ce que les profs appellent un râteau. Moi, je veux un warou. Alors, n'essayez pas de *rouler* une petite fille !
Le vendeur éclata de rire :

— Malheureusement, nous ne vendons pas ce que tu cherches. Mais demande donc à la *mercerie*, au coin.
— Une mercerie, *marmonna* Fifi en sortant. Je suis sûre qu'ils n'en ont pas.
Fifi avait l'air découragée. Mais elle reprit espoir :
« Peut-être bien que le warou est une maladie ! Allons poser la question au médecin ! »

Annika connaissait l'adresse du médecin qui l'avait vaccinée.
Fifi sonna, une infirmière ouvrit la porte.
— Il faut que je voie le médecin. C'est un cas désespéré. Une maladie *gravissime.*
— Par ici, indiqua l'infirmière.
Le docteur se trouvait assis à son bureau quand les enfants entrèrent. Fifi s'avança droit vers lui, ferma les yeux et tira la langue.
— Qu'est-ce qui ne va pas ? demanda le médecin.
Fifi rouvrit ses grands yeux bleus et rentra sa langue.
— J'ai peur d'avoir attrapé le warou. J'ai des démangeaisons partout. Mes yeux se ferment totalement quand je m'endors. Parfois, j'ai le hoquet. Samedi dernier, je me suis sentie très mal après avoir mangé une assiette de cirage avec du lait. J'ai un bon appétit mais j'avale souvent de travers et la nourriture est perdue. Je dois avoir attrapé le warou. Oh, encore une chose, c'est *contagieux* ?
Le médecin regarda Fifi qui rayonnait de santé :
— Je crois que tu es en meilleure santé que la plupart des gens. Je suis certain que tu n'as pas le warou.
Fifi le saisit *fermement* par le bras.
— Alors, il y a bien une maladie qui s'appelle comme ça ?
— Non. Pas du tout. Mais même si elle existait, je ne crois pas qu'elle s'en prendrait à toi.
Fifi avait l'air très triste. Elle fit une révérence au docteur, Annika également, Tommy s'inclina. Ils retournèrent près du cheval attaché à la clôture du jardin.

VOCABULAIRE 13

Afin de trouver divers objets pour le ménage ou le bricolage par exemple, on peut aller dans une **quincaillerie**.

« **Rouler** quelqu'un dans la farine » est une expression familière qui signifie tromper quelqu'un, lui mentir. Dans le texte, l'expression est reprise de manière plus concise :

« N'essayez pas de **rouler** une petite fille ! », ce qui ne change rien, ni à son sens, ni à sa familiarité.

La mercerie est un magasin idéal pour trouver des articles destinés à la couture et aux travaux d'aiguille (tricot, crochet, broderie…).

Fifi **marmonne**, elle murmure donc entre ses dents, de manière confuse et avec exaspération.

L'adjectif « **gravissime** » vient de la même famille que « grave ». Il est utilisé pour quelque chose d'extrêmement grave.

Une maladie **contagieuse** se communique très facilement d'une personne à une autre.

Fifi saisit le médecin **fermement**, solidement par le bras.

14 Il y avait un immeuble tout près de la maison du docteur. Une fenêtre était ouverte au deuxième étage. Fifi désigna la fenêtre ouverte :
— Ça ne m'étonnerait pas qu'ils aient le warou, là-dedans. Je vais grimper et jeter un coup d'œil.
Fifi grimpa à la gouttière et, arrivée à la hauteur de la fenêtre, elle sauta et se rattrapa au rebord. Elle se hissa à la force des bras et passa la tête à l'intérieur. Deux dames étaient en train de discuter. Imaginez un peu leur surprise quand elles virent une tête rousse surgir à la fenêtre :

— Vous auriez pas un warou chez vous, par hasard ?
Les deux dames poussèrent de grands cris.
— Mon Dieu ! Que dis-tu, ma petite ? L'un d'eux s'est échappé ?
— C'est exactement ce que j'aimerais savoir, répondit poliment Fifi.
— Oh ! Il est peut-être caché sous le lit ! s'écria une dame. Est-ce qu'il mord ?
— Je le crains. Il paraît qu'il a de grandes canines pointues.
Les deux dames se serrèrent l'une contre l'autre, paniquées. Fifi fit le tour de la pièce en regardant dans tous les coins. Puis elle dit, d'une voix déçue :
— Il n'y a pas l'ombre d'un warou. Excusez-moi de vous avoir dérangées, mais j'ai préféré m'en assurer.
Fifi se laissa glisser le long de la gouttière.
— C'est moche, dit-elle à Tommy et Annika, il n'y a pas de warou dans cette ville. Allez, on rentre.
En sautant du cheval devant la véranda, Tommy faillit écraser un petit scarabée qui trottinait dans l'allée.
— Attention au scarabée ! s'écria Fifi.
Ils se mirent à quatre pattes pour l'observer – il était si petit. Ses *élytres* étaient verts, ils étincelaient comme du métal.

— Il est si joli, dit Annika. Je me demande de quelle espèce il s'agit.
— Ce n'est pas un *hanneton*, ajouta Tommy.
— Ni un *bousier*, ni un *cerf-volant*. J'aimerais bien savoir ce que c'est, poursuivit Annika.
Un grand sourire envahit le visage de Fifi.
— Moi je sais. C'est un warou.
— Tu en es sûre ? demanda Tommy, *dubitatif*.
— Tu crois que je ne reconnais pas un warou quand j'en vois un ? As-tu jamais vu quelque chose d'aussi warouesque de toute ta vie ?
Fifi souleva délicatement le scarabée et le déposa dans un endroit sûr, où personne ne risquait de l'écraser.
— Mon mignon petit warou, dit-elle tendrement. Je savais bien que je finirais par en trouver un. Mais avouez que c'est tout de même bizarre. Nous l'avons cherché partout en ville alors qu'il n'a pas bougé de la villa *Drôlederepos*.

Astrid Lindgren

VOCABULAIRE 14

On trouve des **élytres** chez certains insectes comme la coccinelle et le scarabée. Les élytres sont deux ailes dures qui protègent les ailes plus fines du dessous.

Hanneton, **bousier**, **cerf-volant** sont différentes espèces de coléoptères. Un coléoptère est un insecte avec des élytres et une bouche capable de broyer sa nourriture.

Prendre un air **dubitatif**, c'est exprimer le doute. Tommy pense que Fifi se trompe.

ATELIER THÉÂTRE

La Parole - Parler devant les autres

Au théâtre, on raconte des histoires et des pensées à voix haute. Un acteur doit donc entraîner sa voix, pour se faire bien entendre. L'acteur développe aussi son écoute, afin de s'exprimer avec justesse quand arrive son tour de parler. Pour certains, prendre la parole seul devant les autres est facile et amusant, d'autres sont plus timides : le théâtre fait ressortir la personnalité de chacun.

1. Concours de clowns

a) Faites des grimaces avec votre visage. Utilisez vos nombreux muscles faciaux (front, mâchoire, joues, yeux...), mais ne vous aidez pas des mains.

b) Vos grimaces gagnent maintenant l'ensemble de votre corps qui se contorsionne, le plus monstrueusement possible !

2. Colin-maillard vocal

La classe apprend par cœur la phrase : « Ciel si ceci se sait ses soins sont sans succès. »

Un élève se cache les yeux avec un foulard.

Le maître ou la maîtresse choisit un objet (marron d'automne, galet, règle...). Ce sera le bâton de parole (ou marron de parole, galet de parole...).

L'élève qui a le bâton de parole récite la phrase.

L'élève qui a les yeux bandés reconnaît à qui appartient cette voix.

L'élève qui a parlé donne ensuite le bâton de parole à un autre élève, qui à son tour prononce la phrase et fait reconnaître sa voix.

Au bout de trois ou quatre voix reconnues, l'élève aux yeux bandés donne le foulard à un autre.

« Il ne faut pas transformer ta voix ni crier, mais au contraire utiliser ta plus belle voix. Pour cela, parle fort et articule bien chaque syllabe.
Lorsque tu apportes l'objet de parole à un camarade, fais-le sans perdre de temps, et sans faire de bruit (ne heurte pas de chaises, ne parle pas). »

3. Histoire vraie et fausse histoire

Un à un, chaque élève raconte deux histoires à propos de lui : une qui lui est arrivée, et une de son invention. Lorsqu'il a terminé ses deux récits, les autres élèves - qui forment le public - donnent leur avis sur laquelle est vraie et laquelle est fausse, en précisant pourquoi.

SEMAINE 1

1 Questions de compréhension

page 6

1- Quel est le personnage principal de l'histoire ?

2- Où vit Fifi ? Pourquoi vit-elle seule ? Pourquoi cela est-il étrange ?

3- À quoi voyez-vous que Fifi est une petite fille pleine d'imagination ?

Construire une phrase

Recopiez le passage ci-dessous, en écrivant les points et les majuscules en rouge. Comptez combien il y a de phrases.

« Fifi n'avait pas oublié son papa. Il était capitaine au long cours et il avait navigué sur tous les océans. Fifi l'avait accompagné sur son navire, jusqu'au jour où il avait disparu en mer, emporté par une vague au cours d'une tempête. Mais Fifi en était sûre : un jour, il reviendrait. »

2 Questions de compréhension

page 7

1- Quand Fifi arrive-t-elle à la villa ?

2- Qui sont ses deux compagnons ?

3- Pourquoi Fifi est-elle une fillette extraordinaire ?

4- Connaissez-vous, vous aussi, quelqu'un d'extraordinaire ? Quelque chose d'extraordinaire ?

Construire un petit texte

Recopiez le texte en le complétant avec les mots de la lecture.

Fifi Brindacier vivait seule dans une petite .... Elle avait ... ans et vivait sans ..., ni .... Sa maman était morte quand elle était tout .... Son papa était ... ... et avait disparu en .... Elle disait souvent : « Ne vous ... pas, je me débrouillerai ... ». C'était une petite fille ....

SEMAINE 2

3 Questions de compréhension

page 8

1- Qui sont Tommy et Annika ?

2- Relevez dans le texte les phrases qui montrent que ce sont deux enfants bien élevés et obéissants.

3- Un champ lexical est un regroupement de mots de même nature et appartenant à un même domaine, par le sens.
Dans le dernier paragraphe, relevez les noms appartenant au champ lexical du corps.

Construire une phrase

1- Complétez par l'article **le**, **la** ou **les**. Soulignez les **noms**.

... enfants caressèrent ... cheval et entrèrent dans ... maison. ... pièces étaient grandes, mais ... ménage n'avait pas été fait depuis très longtemps.

2- Recopiez le passage qui décrit le visage de Fifi.

4 Questions de compréhension

page 9

1- Pourquoi Fifi marche-t-elle à reculons ?

2- D'après Fifi, qu'est-ce qui explique ses nombreux mensonges ?

3- Comprenez-vous pourquoi la journée de Tommy et Annika ne s'annonce pas comme les autres ?

Construire un petit texte

1- Copiez le paragraphe en mettant les **points** et les **majuscules**.

« la villa *Drôlederepos* était située juste à la limite de la petite ville elle se trouvait là où commençait la campagne les habitants de la petite ville aimaient beaucoup se promener près de la villa *Drôlederepos* car on avait là les plus belles vues des environs »

2- Recopiez cette description de Fifi en mettant les **verbes au présent.**

Ses cheveux roux comme des carottes étaient tressés en deux nattes qui se dressaient de chaque côté de la tête. Son nez, parsemé de taches de rousseur, avait la forme d'une petite pomme de terre nouvelle.

SEMAINE 3

5 Questions de compréhension

page 11

1- Pourquoi les deux enfants semblent-ils surpris de l'emplacement du cheval ?

2- Expliquez l'expression : « ils se tenaient sur leurs gardes. »

3- Annika semble inquiète. Expliquez pourquoi.

Construire une phrase

1- Soulignez les verbes conjugués et écrivez les majuscules et les points en rouge.

« Ils poussèrent la grille branlante du jardin de la villa Drôlederepos, montèrent l'allée de gravier bordée d'arbres moussus et arrivèrent devant la véranda. Le cheval dévorait son picotin versé dans une soupière. »

2- Reliez dans une **seule phrase** de **deux verbes**, les deux phrases de chaque ligne.

Exemple : Fifi parle. Fifi chante. - Fifi parle et chante.

Annika questionne Fifi. Annika l'écoute. Tommy regarde le cheval. Tommy le caresse.

6 Questions de compréhension

page 12

1- Dans quels états se retrouvent Fifi et la cuisine après la préparation du goûter ? (Donnez quelques détails.)

2- Qu'est-ce que Tommy et Annika découvrent dans le salon ?

3- Qu'est-ce que Tommy et Annika sont obligés de faire pour pouvoir revenir chez Fifi le lendemain ?

Construire un petit texte

1- **Relisez** plusieurs fois le paragraphe où Fifi donne des cadeaux à ses amis, puis, livre fermé, essayez de le **reproduire** exactement.

2- **Complétez les phrases**, en conjuguant les **verbes** proposés au **présent**.
(trouver – inviter – comporter – ouvrir – montrer – cacher)

« Tommy et Annika … les crêpes excellentes. Fifi les … au salon, qui ne … qu'un seul meuble : un énorme secrétaire muni d'une foule de petits tiroirs. Fifi les … et … à Tommy et Annika tous les trésors qu'elle y … . »

SEMAINE 4

7 Questions de compréhension

page 15

1- Expliquez l'expression : « *sans avoir l'air d'y toucher* ».
Qu'est-ce que Tommy et Annika veulent, tout simplement, demander à Fifi ?

2- De la même manière que Tommy et Annika, donnez plusieurs exemples qui donnent envie d'aller à l'école.

3- Quel est l'argument décisif qui décide Fifi à aller à l'école ? Expliquez l'humour de la situation.

Construire une phrase

1- Placez convenablement les **adjectifs**, mis en tête de phrases.
gris, beau. - Le ... cheval ... de Fifi est attaché dans la cour.
petite, paisible. – Tous les habitants de la ... ... ville se précipitèrent à leurs fenêtres.
grande, arborée. – Devant la porte de la classe, s'étend une ... cour ... .
tonitruante, gentils. – Tommy, Annika et tous leurs ... camarades sursautèrent à l'arrivée ... de Fifi.

2- Dites la même chose en employant ne ... pas.
Exemple : La classe est propre - *La classe **n'est pas** sale.*
L'école est proche. – La pièce est lumineuse. – La cour de récréation est grande. La maîtresse est gentille. – La porte est ouverte. – Les élèves sont assis.

8 Questions de compréhension

page 16

1- « La maîtresse, qui habitait la petite ville, avait déjà entendu parler de Fifi. »
Et vous ? Pouvez-vous résumer, en quelques phrases, ce que vous connaissez de Fifi ?
(son physique, son lieu d'habitation, sa famille et ses amis, ses particularités...)

2- Quelles sont les mauvaises manières de Fifi en classe ?

3- Pourquoi les enfants regardent-ils Fifi avec horreur ?

Construire un petit texte

1- Recopiez ce paragraphe, en soulignant les **adjectifs qualificatifs**.
« Tommy et Annika trouvèrent les crêpes excellentes. Fifi les invita à passer au salon, qui ne comportait qu'un seul meuble : un énorme secrétaire muni d'une foule de petits tiroirs. Fifi les ouvrit et montra à Tommy et Annika tous les trésors qu'elle y cachait. Il y avait d'extraordinaires œufs d'oiseaux, des coquillages et des pierres étranges, de magnifiques petites boîtes. »

2- En suivant les conseils, **imaginez** et **décrivez** physiquement la maîtresse de Tommy et Annika.

Conseils :
- Faites des phrases **courtes** ;
- Utilisez de nombreux **adjectifs** *(grand, petit, long, court, bleu, marron, roux, rond, allongé, gros, mince, frisé, lisse...)* ;
- Écrivez la description au **présent** ;
- Écrivez environ **trois phrases**.

SEMAINE 5

9 Questions de compréhension

page 18

1- Fifi est insolente. Relevez au moins un exemple du texte.

2- La maîtresse arrive-t-elle à intéresser Fifi avec l'apprentissage de la lecture ?

3- Où se passe l'anecdote que raconte Fifi ?

4- Qu'est-ce qui, selon vous, dans le texte semble plus « tiré par les cheveux » que l'histoire de la lettre S ?

Construire une phrase

1- **Fifi se mit à cuisiner avec ardeur**. En changeant de **prénom**, dites que l'enfant :

- Saute de joie
- Compte rapidement
- Répond poliment
- S'exprime clairement
- Regarde avec émerveillement
- Explique brièvement

2- **Employez 3 par 3 les verbes** suivants pour dire comment vous faites :

les devoirs : lire, apprendre, réciter.
les repas : préparer, réchauffer, manger.
la vaisselle : laver, essuyer, ranger.

10 Questions de compréhension

page 20

1- Pourquoi le dessin de Fifi ne tient-il pas sur sa feuille ?

2- Dans quel état se trouve la maîtresse dans le texte ? Citez deux exemples.

3- Quelle est la décision prise par la maîtresse ? Pourquoi ?

4- Quelle émotion ressent Fifi à la fin du texte ?

Construire un petit texte

1- Recopiez ci-dessous le passage. Soulignez les **verbes conjugués** et écrivez les **majuscules** et les **points** en rouge. Combien ce passage compte-t-il de phrases ?

« La maîtresse, qui trouvait que Fifi était une petite fille très turbulente, en profita pour dire aux élèves de dessiner. Au moins, Fifi resterait tranquille un moment. Et la maîtresse distribua du papier et des crayons. »

2- Choisissez trois verbes de l'exercice **1** et **inventez une phrase pour chacun d'eux**.

SEMAINE 6

11 Questions de compréhension

page 22

1- Expliquez la phrase : *« fidèles à leurs habitudes… »*

2- Qu'est-ce que Fifi a encore inventé ?

3- Imaginez ce que peut bien être un « warou ».

Construire une phrase

1- Complétez en plaçant, avant ou après les noms en italique, les **adjectifs** qui sont en tête de phrases.

extravagante, nouveau – Leur *amie* Fifi a découvert un *mot*.

pressés, possible – Les *enfants* partent à la recherche de la *signification* du mot « warou ».

improbables, étrange – Ils envisagent des tas de *sens* au *nom* « warou ».

2- Mettez avant ou après le nom en italique un **adjectif** de votre choix.

Les enfants écoutaient le récit de la *découverte* de Fifi avec étonnement.

Le cheval était attaché à une *branche*.

Le « warou » pourrait bien être un bruit, un objet, un *animal* ou une maladie.

12 Questions de compréhension

page 24

1- À votre avis, pourquoi les visites de Fifi font-elles tellement plaisir aux enfants de la ville ?

2- Qu'est-ce que la pâtissière a du mal à accepter ?

3- Relevez la phrase qui montre que la pâtissière semble confuse, embarrassée.

Construire un petit texte

1- Répondez aux questions pour former un petit résumé.

- À la recherche de quoi les enfants partent-ils ? Les enfants partent à la recherche…
- Pour cela, où se rendent-ils ? Par quel moyen de transport ? Pour cela, ils…
- Où entrent-ils ? Que demandent-ils ? Ils entrent dans… et demandent…
- La pâtissière connaît-elle les « warous » ? …
- Dans quel état Fifi repart-elle ? …

SEMAINE 7

13 Questions de compréhension

page 25

1- Expliquez pourquoi le quincailler prend « un air rusé ».

2- Pourquoi Fifi le regarde-t-elle « avec indignation » ?

3- Comment Fifi s'y prend-elle pour trouver son « warou » ?

4- Quels sentiments ressent-elle au cours de ses recherches ?

Construire une phrase

1- Donnez à chaque **nom** les deux **adjectifs qualificatifs** qui lui conviennent.
Faites deux phrases avec deux de ces noms.

un enfant	lumineuse	contagieuse
une fillette	grave	spacieuse
une maladie	petit	contrarié
une maison	consciencieuse	obéissante

2- Utilisez les verbes ci-dessous, en les conjuguant au présent, et achevez les phrases à votre façon.
tracasser - passer – être – tolérer – dénicher

Un warou … peut-être un biscuit, un outil, une maladie, un animal ou … .
Les enfants … leur temps chez Fifi à faire des découvertes et à … .
Fifi … des tas d'idées et … .
La maîtresse ne … pas les mauvaises manières.
Les enfants … leurs parents à cause de … .

14 Questions de compréhension

page 27

1- Relevez les verbes qui montrent l'agilité de Fifi.

2- Quels sont les sentiments ressentis par les deux dames ? Pourquoi ?

3- Expliquez le mot « warouesque ».

Construire un petit texte

1- Inventez trois phrases pour décrire votre classe et dans lesquelles vous utiliserez, au moins, quatre adjectifs.
N'oubliez pas les majuscules et les points.

2- Répondez aux questions pour former un paragraphe descriptif de Fifi et ses animaux.

- Quand Fifi s'occupe-t-elle de son cheval ? Tous les matins, …
- Où s'en occupe-t-elle ? Pourquoi ? … parce que …
- Lorsqu'elle part en ballade, comment Fifi sort-elle le cheval de la maison ?
  Lorsqu'elle part en ballade, Fifi …
- Quel autre animal vit aussi avec Fifi ? Fifi vit aussi avec …
- Comment Fifi habille-t-elle M. Nilsson ? …
- Généralement, où le petit singe est-il perché ? Généralement, …

Erich Kästner

Émile et les Détectives

Traduit de l'allemand par Anne Georges - Illustrations de Jérôme Brasseur

Dans le salon de coiffure de la mère d'Émile

Semaine 1

1 — Bon ! Et maintenant, prends cette *cruche* d'eau chaude et emporte-la à côté, dit Mme Tischbein à son fils.

Elle-même se chargea d'une seconde cruche et d'un petit pot bleu rempli de savon liquide à la *camomille*. Puis ils quittèrent l'un et l'autre la cuisine et passèrent dans la pièce voisine, transformée en salon de coiffure.

Une femme s'y trouvait déjà. Elle était assise, tête basculée en avant au-dessus d'une grande *cuvette*.

Mme Tischbein commença par répandre le savon à la camomille sur l'*imposante* chevelure blonde, puis elle le fit mousser.

— Ce n'est pas trop chaud ? s'inquiéta-t-elle.

— Non, ça va, lui répondit la tête sans visage.

— Mais c'est Mme Wirth, la boulangère, s'exclama Émile alors qu'il déposait la cruche d'eau chaude sur la table de toilette.

— Tu en as de la chance, mon garçon, répondit la femme. Il paraît que tu vas à *Berlin*.

— Au début, il n'en avait pas du tout envie, expliqua Mme Tischbein, sans s'arrêter de frotter le *cuir chevelu* de sa cliente et de faire mousser le savon. Mais je trouvais dommage qu'il passe ses vacances ici à s'ennuyer. Non seulement il n'est jamais allé à Berlin, mais en plus ça fait longtemps que ma sœur Martha nous demande de lui rendre visite. Elle a un mari qui gagne très correctement sa vie. Il est employé des postes. Moi, je ne peux absolument pas partir. C'est toujours pendant les vacances scolaires que j'ai le plus de travail. Mais j'estime qu'Émile est maintenant assez grand pour voyager seul. Il n'y a que dans le train où il faudra qu'il soit prudent. Dès son arrivée à Berlin à *la gare Friedrichstrasse*, il est attendu par ma mère. Elle lui a donné rendez-vous près du kiosque à fleurs.

VOCABULAIRE 1

Une **cruche** est un large récipient doté d'une anse et d'un bec.

La **camomille** est une plante odorante. On l'utilise pour parfumer des savons, des tisanes... Le savon liquide utilisé par Madame Tischbein est un shampoing.

Cuvette : Dans les milieux modestes des années 1920, il n'est pas rare qu'une coiffeuse exerce son métier à son domicile, avec souvent de petits moyens, tels qu'ici la cuvette, avec de l'eau chauffée sur le fourneau de la cuisine.

La cliente de Madame Tischbein a une chevelure longue et épaisse. Elle est **imposante** : elle prend de la place.

Berlin est la capitale et la plus grande ville d'Allemagne.

Le **cuir chevelu** correspond à la partie du crâne où se développent les cheveux.

La gare Friedrichstrasse se situe dans le centre de Berlin.

2 La tête toujours enfoncée dans la cuvette, Mme Wirth gargouilla :
— Il va sûrement adorer Berlin, votre Émile. Il faut dire que ce n'est pas n'importe quelle ville. On y était il y a six mois, mon mari et moi, avec notre club de jeu de quilles. Je n'ai jamais vu autant d'animation. Et la nuit, il y a des rues qui sont claires comme en plein jour. Et des voitures ! Des voitures !
— Il y en a de toutes sortes ? questionna Émile, intéressé.
— Tu sais, je n'y connais pas grand-chose, lui répondit Mme Wirth, dont la phrase s'acheva sur un éternuement.
Du savon lui était rentré dans les narines.
— Maintenant, file te préparer, dit Mme Tischbein à son fils. J'ai posé ton bon *costume* dans la chambre. Habille-toi pour qu'on puisse déjeuner dès que j'aurai terminé *la mise en plis* de Mme Wirth.
— Quelle chemise je mets ? demanda Émile.
— Tout est sur le lit. Et quand tu enfileras tes chaussettes, tire bien dessus. Mais commence par te laver correctement. Et aussi, n'oublie pas de passer les nouveaux lacets dans tes chaussures. Allez, ne perds pas de temps !
— Pff ! soupira Émile en s'éloignant.
Sitôt que Mme Wirth, enfin coiffée, eut admiré dans la glace ses cheveux bouclés, Mme Tischbein alla retrouver son fils dans la chambre. Émile y *faisait les cent pas* et tirait *une tête de six pieds de long.*
— Tu peux me dire, toi, qui a inventé ce genre de costume ? demanda-t-il d'un ton *grincheux*.
— Non, désolée. Mais pourquoi cette question ?

— Si j'avais son adresse, je t'assure que j'irais *lui faire sa fête* à celui-là.
— Comme tu es à plaindre, mon pauvre garçon ! Quand je pense combien d'enfants sont tristes de ne pas avoir un aussi beau costume. Chacun ses soucis, que veux-tu. Oh, que je n'oublie pas. Demande dès ce soir un cintre à tante Martha pour suspendre ton costume. Avant, donne-lui naturellement un coup de brosse. Tu y penseras ? Demain, tu pourras remettre ton cher pull-over. Est-ce que je t'ai tout dit ? La valise est prête. Les fleurs pour ta tante sont emballées. L'argent pour grand-mère, je te le donnerai plus tard. Bon, je crois qu'on peut aller manger. Allez, venez, jeune homme !
Mme Tischbein passa son bras autour des épaules de son fils et l'entraîna dans la cuisine. Elle lui avait préparé des *macaronis* au jambon avec du parmesan râpé. Émile se goinfra littéralement, jetant seulement de temps en temps un regard inquiet vers sa mère. N'allait-elle pas se vexer de le voir manger de si bon appétit avant son départ ?

VOCABULAIRE 2

Un **costume** est un vêtement d'homme composé d'un pantalon, d'une veste et éventuellement d'un gilet. Il est peu courant de rencontrer un jeune garçon habillé d'un costume.

Une **mise en plis** est une coiffure faite à l'aide de bigoudis pour donner un aspect bouclé aux cheveux.

Faire les cents pas est une expression qui traduit l'impatience.

Faire **une tête de six pieds de long** est une expression qui signifie bouder, être fâché.

Le costume rend Émile **grincheux**, désagréable, car il ne l'aime pas.

Faire sa fête à quelqu'un est une expression très familière pour dire « donner une bonne correction à quelqu'un. »

Les **macaronis** sont des pâtes en forme de petits tubes.

3 — Surtout, écris-moi dès ton arrivée chez tante Martha. Je t'ai mis une carte postale dans la valise. Elle est sur le dessus de tes affaires. J'ai déjà écrit l'adresse.

— Promis ! Ça sera fait, dit Émile, *distraitement.*

Sa préoccupation du moment était surtout de savoir comment récupérer le plus discrètement possible le macaroni qui venait de tomber sur l'une des jambes de son pantalon. Encore une chance que sa mère ne s'en soit pas aperçue !

— Tu les embrasseras tous de ma part. Et aussi, sois prudent. Berlin, ce n'est pas comme notre petite ville de Neustadt. Dimanche, oncle Robert doit t'emmener au *musée Kaiser Friedrich.* J'espère que tu te comporteras convenablement.

— Juré, craché ! répliqua Émile.

Après le déjeuner, ils retournèrent dans le petit salon de coiffure. Mme Tischbein sortit de l'armoire une boîte en fer-blanc et commença d'abord par en vérifier le contenu.

Émile la vit alors secouer la tête, puis se remettre à compter l'argent qu'elle rangeait à l'intérieur.

— Tu te souviens qui j'ai reçu ici hier après-midi ? finit-elle par dire.

— Il y avait Mlle Thomas, et aussi Mme Homburg.

— En effet. Mais ça ne m'avance pas à grand-chose.

Après un temps de réflexion, elle chercha la feuille sur laquelle elle notait *les rentrées d'argent* et refit ses calculs.

— C'est bien ce que je pensais. Il me manque huit *marks.*

— L'employé du gaz est venu ce matin, lui rappela Émile.

— La voilà, l'explication ! s'exclama Mme Tischbein, qui se mit aussitôt à siffloter, comme si elle voulait prendre à la légère ce souci *inattendu.*

Après avoir *prélevé* trois billets, elle les tendit à Émile.

— Tiens, mon garçon ! Je te donne cent quarante marks. Un billet de cent et deux de vingt. Tu donneras cent vingt marks à ta grand-mère et tu lui diras de ne pas être fâchée si je ne lui ai rien envoyé depuis longtemps. J'étais trop à court d'argent. Compris ? L'autre billet de vingt marks, il est pour toi. Ton retour va déjà te coûter dix marks environ. Le reste, ce sera pour payer tes boissons et tes repas quand vous ferez des sorties. Essaye quand même de ne pas tout dépenser. Il est toujours bon d'avoir quelques marks sur soi en cas d'imprévu. Donc, ça c'est l'enveloppe avec la lettre pour tante Martha. J'y joins aussi l'argent. Fais attention à ne pas la perdre ! D'ailleurs, où vas-tu la mettre ?

D'abord hésitant, Émile opta finalement pour la poche intérieure droite de sa veste.

— Là où elle est, je ne risque pas de la perdre, dit-il *avec conviction.*

— Surtout, ne t'*avise pas de claironner* dans le train que tu as autant d'argent sur toi.

— Tu me prends pour un idiot, ou quoi ! s'exclama Émile, *vexé.*

Après avoir replacé la boîte en fer-blanc dans l'armoire, Mme Tischbein relut *brièvement* la lettre de sa sœur Martha lui donnant les heures de départ et de retour du train que devait prendre Émile. [...]

VOCABULAIRE 3

Émile répond **distraitement**, c'est-à-dire en pensant à autre chose.

Le musée Kaiser Friedrich (aussi appelé Bode Museum) a été construit au début du XXe siècle au centre de Berlin.

Les **rentrées d'argent** sont les sous reçus par Madame Tischbein en échange de ses services de coiffeuse.

Le Deutsche **Mark** était la monnaie de l'Allemagne avant son remplacement par l'Euro en janvier 2002. 1 Euro = 1,95 Marks.

Inattendu : imprévu.

Madame Tischbein **prélève** trois billets, signifie qu'elle ne prend qu'une partie du contenu de la boîte.

Dire **avec conviction** signifie que la personne croit fermement ce qu'elle dit. Émile rassure sa maman, en montrant que son argent est bien à l'abri dans la cachette choisie.

S'aviser de claironner : oser se vanter

Vexé : contrarié

Madame Tischbein relit la lettre **brièvement**, c'est-à-dire rapidement, de manière succincte.

L'agent de police Jeschke ne dit mot

4 Au pied de la maison, Mme Tischbein dit à Émile :

— Si le *tramway hippomobile* arrive, on le prendra pour aller à la gare.

À ce propos, savez-vous ce qu'est un tramway hippomobile ? Puisqu'il arrive à l'instant et qu'Émile lui fait signe de s'arrêter, j'en profite pour vous le décrire rapidement avant qu'il ne reparte.

Le tramway hippomobile, donc, est une invention extraordinaire. Comme tout tramway, il se déplace sur des rails. La seule différence, c'est qu'il est tiré

par un ou plusieurs chevaux. Émile et ses copains trouvaient d'ailleurs que c'était d'un *ridicule achevé* et rêvaient d'un tramway électrique. Mais le maire de Neustadt estimait que, pour parcourir quatre kilomètres de voies, l'énergie d'un cheval en chair et en os faisait très bien l'affaire.

Mme Tischbein et son fils descendirent place de la Gare. Tandis qu'Émile repêchait sa valise sur la plate-forme, il entendit dans son dos une grosse voix dire à sa mère :

— Je suppose que vous partez en voyage, madame Tischbein !

— Pas du tout, rectifia-t-elle. Je ne fais qu'accompagner mon garçon au train. Il va passer huit jours à Berlin dans ma famille.

Subitement, Émile fut pris d'un vertige, comme si un voile noir lui obscurcissait la vue : il venait de reconnaître la voix de l'agent de police Jeschke, ce qui réveilla aussitôt *sa mauvaise conscience*.

Il y a quelques jours en effet, après un cours de gymnastique sur le terrain de sport en bordure de la rivière, une dizaine de collégiens avaient grimpé sur la statue du Grand-duc, celui surnommé « Charles à la joue de travers » et lui avaient enfoncé un vieux chapeau de *feutre* sur la tête. Comme Émile était très bon en dessin, les garçons lui avaient ensuite fait *la courte échelle* jusqu'au haut de la statue et lui avaient demandé de crayonner en rouge le nez du Grand-duc et de l'*affubler* de superbes moustaches noires.

Émile était en plein travail quand l'agent de police Jeschke *s'était pointé* à l'autre bout de la place du Marché. Naturellement, tous avaient *décampé*. Mais depuis ce jour, ils vivaient dans l'angoisse permanente d'avoir été reconnus.

Or, l'agent de police ne fit *allusion* à rien, souhaita un bon voyage à Émile et demanda des nouvelles de Mme Tischbein.

Émile se sentait malgré tout très mal à l'aise. Et quand il traversa la place en direction de la gare, il avait encore les jambes en coton. [...]

VOCABULAIRE 4

Tramway hippomobile : Le tramway tiré par des chevaux apparaît en Europe et aux États-Unis dans le premier tiers du XIXe siècle. Il était plus économique que le tramway électrique.

Un ridicule achevé : Émile et ses amis se moquent du tramway de leur ville, ils le trouvent ridicule car pas assez moderne.

Subitement : tout-à-coup.

Lorsqu'on a quelque chose à se reprocher, on a **mauvaise conscience**.

Le **feutre** est une étoffe sans tissage faite de poils d'animaux.

Faire la courte échelle, c'est joindre ses mains pour permettre à quelqu'un d'y poser le pied pour se hisser plus haut.

Affubler signifie habiller de manière bizarre, ridicule.

Se pointer est un verbe familier utilisé pour dire « arriver ». Son contraire **« décamper »** signifie donc « partir ».

Évoquer un événement de façon sous-entendue, c'est faire une **allusion**.

Le voyage pour Berlin peut commencer

5 Émile entra dans *un compartiment* et, après avoir enlevé sa casquette, il demanda poliment aux voyageurs déjà assis :

— Excusez-moi ! Y aurait-il encore une place libre ?

Il en restait effectivement une.

Une dame *corpulente*, qui avait retiré sa chaussure gauche, *prit* alors son voisin à *témoin*, un homme à la respiration bruyante, et lui fit remarquer :

— C'est rare, de nos jours, de rencontrer des enfants aussi *bien élevés*. Ah ! je me souviens, quand j'étais jeune, nous avions alors une tout autre *mentalité*.

Émile écouta à peine, trop *fasciné* qu'il était par le mouvement de rotation des doigts de pied qui semblait accompagner chaque mot de la dame. [...]

Il *palpa* discrètement le côté droit de sa veste, juste pour entendre le crissement rassurant de l'enveloppe. Puis il jeta un œil sur les autres voyageurs. De ce côté-là aussi, il eut le sentiment qu'il n'avait pas de raison de s'inquiéter. Aucun n'avait, selon lui, une tête de voleur ou d'assassin. Une femme en face de lui, assise à côté de l'homme à la respiration *rocailleuse*, faisait une écharpe au *crochet*. Son voisin à lui, près de la fenêtre, un homme avec *un chapeau melon* sur la tête, était absorbé par la lecture de son journal.

Au bout d'un moment, ce dernier le replia, sortit de sa poche une barre de chocolat et la tendit à Émile, en lui disant :
— Est-ce que le cœur t'en dit ?
— Vous êtes trop aimable, monsieur ! répondit le garçon en acceptant le chocolat.

Et retirant vivement sa casquette, il inclina le *buste*, puis ajouta :
— Je me présente. Émile Tischbein.
Les occupants du compartiment échangèrent un sourire, tandis que l'homme soulevait son chapeau melon et répondait à son tour :
— *Très honoré* ! Mon nom est Grundeis.
S'adressant à Émile, la grosse dame lui demanda :
— *Le détaillant* Kurzhals habite-t-il toujours à Neustadt ?
— En effet. Vous le connaissez ? Il est maintenant propriétaire du terrain sur lequel il a son magasin.
— Quand tu le verras, transmets-lui le bon souvenir de Mme Jakob, de *Gross-Grünau*.
— Mais c'est que je vais à Berlin !
La dame *s'esclaffa*, ébranlant son chapeau qui lui glissa sur le visage.
— Ça peut évidemment attendre ton retour, précisa-t-elle en faisant à nouveau tournicoter ses doigts de pied.

VOCABULAIRE 5

Autrefois, les wagons étaient divisés en plusieurs **compartiments** isolés par des cloisons. Ici le compartiment comporte deux banquettes face à face.

Cette dame est **corpulente**, c'est-à-dire ronde.

Prendre à témoin, c'est demander à une personne de dire ce qu'elle a vu ou entendu.

Quelqu'un de **bien élevé** a reçu une bonne éducation. La bonne éducation est la transmission aux plus jeunes des règles de politesse, de respect…

La **mentalité** est la façon de penser, le caractère de chacun.

Émile est **fasciné**, il n'arrive pas à s'empêcher de regarder les drôles de mouvements de pieds de la dame.

Palper : toucher doucement, en pressant légèrement de la main.

La respiration de l'homme est **rocailleuse**, c'est-à-dire rauque, enrouée.

Le **crochet** est un instrument destiné à la confection de dentelles ou au travail de la laine. La femme fabrique une écharpe à l'aide d'un crochet.

Un chapeau melon est un chapeau de feutre rigide et bombé.

L'homme incline son **buste**, c'est-à-dire le haut de son corps.

« **Très honoré !** » est une formule de politesse. Elle est particulièrement utilisée en Allemagne, notamment dans les lettres.

Un **détaillant** est un commerçant qui vend de l'alimentation ou du matériel en petite quantité. On l'oppose au grossiste, chez qui se fournissent les petits commerçants pour remplir leurs boutiques.

Gross-Grünaun est une ville de République Tchèque, un pays voisin de l'Allemagne. À l'époque de l'écriture du livre, ce pays s'appelait la Tchécoslovaquie.

S'esclaffer : rire bruyamment.

6 — Tiens donc ! reprit M. Grundeis. Tu vas à Berlin ?

— Oui, dit Émile. Et ma grand-mère m'attend à la gare Friedrichstrasse près du kiosque à fleurs. Instinctivement, il porta la main à sa veste et ses doigts reconnurent l'épaisseur de l'enveloppe à travers *l'étoffe*. Elle était toujours là !

— Tu connais Berlin ?

— Non, pas encore.

— Eh bien, tu vas en voir des choses là-bas ! On y a construit récemment des immeubles d'une centaine d'étages et, pour éviter que les toits ne s'envolent, on a été obligé de les attacher au ciel… Et quand une personne doit aller de toute urgence dans un autre quartier de la ville, on l'emballe dans une grosse boîte au bureau de poste le plus proche. Ensuite, on introduit la boîte dans un énorme *tube à air comprimé*, puis on l'envoie au bureau de poste du quartier où la personne veut se rendre… Et quand on est sans argent, on va déposer en *gage* son cerveau à la banque et on reçoit mille marks en échange. Le problème, c'est qu'un individu ne peut vivre que deux jours sans cerveau et, s'il veut le récupérer, il faut qu'il verse mille deux cents marks ! On vient aussi d'inventer *des appareils chirurgicaux* extrêmement modernes :

L'homme à la respiration *haletante* lui coupa brutalement la parole :
— Je suppose que votre cerveau à vous, il est à la banque ! Cessez donc de raconter toutes ces sottises.
Un certain *malaise* s'installa aussitôt dans le compartiment. Mme Jabob en oublia d'agiter ses doigts de pied et la femme au crochet interrompit son ouvrage.
Le ton monta entre les deux hommes et la dispute dura un bon moment.
Émile, lui, riait du bout des lèvres. Il venait de prendre conscience qu'il avait failli croire à toutes ces histoires. Pour *se donner une contenance*, il déballa ses sandwichs à la saucisse, bien qu'il eût déjeuné il y a peu de temps. Il en était au troisième quand le train s'arrêta dans une grande gare.

VOCABULAIRE 6

Une **étoffe** est une pièce de tissu. Il s'agit ici de la veste d'Émile.

Ce **tube à air comprimé** est un long cylindre permettant aux objets d'être propulsés par de l'air.

Le prêt sur **gage** est le dépôt d'un objet de valeur contre une somme d'argent. Pour récupérer l'objet, il faut rembourser l'argent prêté et souvent un peu plus. On appelle cela les intérêts.

Des **appareils chirurgicaux** sont des machines utilisées dans les hôpitaux pour les opérations.

Avoir la respiration **haletante**, c'est être essoufflé.

Un **malaise** s'installe dans le compartiment, en effet les passagers semblent gênés par la dispute des deux hommes.

Se donner une contenance signifie adopter une attitude de manière à dissimuler sa gêne.

7 Émile aurait aimé savoir dans quelle ville il se trouvait. Mais il ne voyait aucune pancarte et les hurlements du chef de gare sur le quai étaient incompréhensibles.
Son compartiment se vida alors presque totalement. Descendirent l'homme à la respiration haletante, la femme au crochet et Mme Jakob, qui faillit manquer l'arrêt parce qu'elle ne retrouvait pas sa chaussure.
— N'oublie pas de saluer M. Kurzhals de ma part ! lui dit cette dernière, au moment de disparaître à son tour.
Il *acquiesça*.

Émile se retrouva donc seul dans son compartiment avec l'homme au chapeau melon. Pour être *franc*, cela ne l'*enchantait guère*. Un homme qui vous offre du chocolat et vous raconte des histoires *sans queue ni tête*, c'était quand même un peu *louche*. Soudain, *en proie au doute*, il voulut vérifier qu'il avait toujours l'enveloppe sur lui, mais n'osa pas le faire devant l'étrange voyageur et attendit le départ du train. Il *s'éclipsa* alors dans les toilettes, sortit l'enveloppe de sa poche et compta l'argent. Tout y était ! Pourtant, il était toujours inquiet. Il tenait les trois billets dans la main et ne savait que faire.

Une idée lui vint. Ayant trouvé par hasard une épingle dans son col de veste, il la piqua dans l'enveloppe, lui fit traverser les trois billets, puis fixa le tout à *la doublure* de sa veste. Et il regagna son compartiment.
Entre-temps, M. Grundeis s'était calé confortablement dans un coin, côté couloir, et dormait profondément. Émile en fut ravi. Cela le dispensait de devoir discuter avec lui. Choisissant une place près de la fenêtre, il s'amusa à regarder défiler les arbres, les moulins à vent, les champs, les usines, les troupeaux de vaches, les paysans qui agitaient la main...

VOCABULAIRE 7

Acquiescer : dire oui.

Franc : honnête.

Enchanter signifie ici, faire plaisir. **Guère** veut dire « pas beaucoup » en langage soutenu. Émile aurait préféré un autre voisin de compartiment.

Une histoire **sans queue ni tête** est une histoire étrange qui est difficile à comprendre.

Louche : bizarre.

Être **en proie au doute**, c'est douter, sentir que quelque chose ne va pas.

S'éclipser signifie partir discrètement.

La doublure d'une veste est le tissu qui garnit l'intérieur du vêtement.

8 M. Grundeis dormait toujours et laissait même entendre quelques ronflements. Émile, lui, aurait aimé se lever et faire quelques pas pour *se dégourdir les jambes*. Mais il ne voulait surtout pas réveiller le voyageur. Il se contenta de changer de place, s'installa dans le coin opposé au dormeur et l'observa. L'homme n'avait même pas retiré son chapeau pour dormir. N'était-ce pas un peu bizarre ? Il avait un long visage maigre barré d'une moustache noire, une centaine de rides autour de la bouche et des oreilles extrêmement minces et décollées.
Oup ! Émile sursauta. Il avait été *à deux doigts* de s'endormir et c'était hors de question. Si au moins de nouveaux voyageurs avaient pu remplacer les précédents !
Depuis leur descente du train, il y avait eu plusieurs arrêts dans des gares, mais personne n'était venu s'installer dans son compartiment. Or, il n'était que quatre heures. Il y avait encore deux heures de voyage.
Pour lutter contre le sommeil, Émile se pinça les jambes. À l'école, pendant les cours de M. Bremser, le professeur d'histoire, ça marchait à tous les coups. Pourquoi pas ici ?
Émile réussit en effet à tenir un certain temps. Il s'efforça de se concentrer sur sa cousine Pony Bibi. Comment était-elle aujourd'hui ? Il avait beau se creuser la tête, le seul souvenir qu'il gardait d'elle, c'était lorsqu'elle avait voulu boxer avec lui lors de sa dernière visite à Neustadt avec sa grand-mère et tante Martha. Il avait naturellement refusé, lui opposant qu'elle n'était qu'un *poids plume*, alors que lui-même appartenait au moins à la catégorie des *poids coq*. Il ne voulait quand même pas, avait-il ajouté, la réduire en bouillie, et encore moins devoir ensuite gratter le mur pour la récupérer !
Oup ! Émile se ressaisit au moment où il allait tomber du banc. Se serait-il endormi cette fois ? [...]

VOCABULAIRE 8

Lors d'un long voyage, les jambes semblent lourdes. On a, donc, souvent besoin de **se dégourdir les jambes**, c'est-à-dire de marcher pour faire disparaître l'engourdissement.

À deux doigts signifie presque.

Poids plume, poids coq : Les boxeurs sont classés en 10 catégories, qui vont du poids plume au poids lourd, au-dessus de 81 kg.

Émile ne descend pas à la bonne gare

9 Émile se réveilla au moment où le train se remettait en marche. En fait, il s'était endormi et, pendant son sommeil, il était tombé de la banquette en bois et se retrouvait maintenant par terre, *étreint* par l'angoisse, son cœur battant comme un marteau piqueur. La seule chose, c'est qu'il ne comprenait ni pourquoi, ni même où il était.

Peu à peu, des souvenirs lui revinrent par *bribes*. Mais oui ! Il était dans un train qui l'emmenait à Berlin. Et pendant le voyage, il s'était endormi. Tout comme l'homme au chapeau melon...

Tressaillant soudain de tout son corps, Émile se redressa et chercha l'homme du regard.

— Tiens ! Il n'est plus là, réussit-il à dire dans un murmure.

Réussissant péniblement à se lever, il frotta son costume pour faire tomber la poussière. C'est alors qu'une question l'*assaillit* : l'argent était-il toujours là ? À cette seule pensée, une angoisse épouvantable s'empara de lui.

N'osant pas faire le moindre geste, il resta un moment adossé à la porte du compartiment. Il revoyait en pensée le dénommé Grundeis, assis là, dans ce coin. L'homme avait mangé, dormi, ronflé. Maintenant, il était parti. Après tout, qui avait-il d'anormal à cela ? Il fallait être idiot pour tout de suite imaginer le pire. Ce n'était pas parce que lui, Émile, descendait à la gare Friedrichstrasse à Berlin que tous les voyageurs devaient en faire autant. Et l'argent était sûrement toujours là où il l'avait mis. Premièrement, dans sa poche intérieure de veste. Deuxièmement, dans une enveloppe. Et troisièmement, fixé à la doublure avec une épingle. Rassuré, Émile glissa lentement la main dans sa veste.

VOCABULAIRE 9

Une étreinte est l'action de serrer dans les bras. Être **étreint** par l'angoisse, est une manière de dire que notre corps est serré par la peur.

Une bribe est un morceau, un fragment. Lorsque les souvenirs reviennent par **bribes**, c'est qu'ils reviennent petit à petit.

L'adjectif « **tressaillant** » vient du verbe « tressaillir » qui signifie sursauter.

Une question l'**assaillit**, c'est-à-dire le tourmenta, le dérangea.

10 La poche était vide ! L'argent avait disparu !
Il eut beau retourner la poche dans tous les sens, palper l'extérieur de la veste, le doute n'était plus permis : l'argent s'était bel et bien envolé !
Un « aïe ! » lui fit retirer la main de sa poche. Pas seulement la main, mais également l'épingle avec laquelle il avait transpercé l'enveloppe et les trois billets. Elle seule était restée et elle s'était plantée dans son index d'où perlait un peu de sang.
Sortant son mouchoir, il s'enveloppa le doigt et ne put *contenir* ses larmes. Non pas à cause de cette ridicule gouttelette de sang. Il y a quinze jours, quand il s'était heurté en courant, contre un réverbère, ce qui lui avait valu une belle bosse sur le front, il n'avait pas versé une seule larme.
Non, il pleurait à cause de l'argent. Il pleurait à cause de sa mère.
Ceux qui jouent aux gros durs vont sûrement ricaner, ce qui signifie qu'ils n'ont rien compris. Mais Émile, lui, savait combien sa mère avait dû *trimer* des mois et des mois afin d'économiser l'argent pour sa grand-mère et pour son voyage à Berlin. Et voilà que Monsieur son fils, à peine monté dans le train, s'installait dans un coin, s'endormait, rêvait de choses sans queue ni tête et se faisait voler son argent par un sale bonhomme. N'était-ce pas suffisant pour justifier ses larmes ? Et comment savoir ce qu'il devait faire *à présent* ? Descendre à la gare Friedrichstrasse et dire à sa grand-mère : « Me voilà.

Mais autant te prévenir tout de suite : je n'ai pas d'argent pour toi. Par contre, donne-moi de quoi acheter un billet de train, que je puisse rentrer tout de suite à Neustadt. Sinon, je serai obligé d'y aller à pied. »
Quelle histoire épouvantable ! [...]
Dans un train express, il aurait pu au moins passer d'un wagon à l'autre et aller jusqu'au compartiment du contrôleur pour signaler le vol. Mais ici ! Dans ce tortillard brinquebalant ! Il allait devoir attendre la gare suivante et, pendant ce temps-là, l'homme au chapeau melon courait sûrement déjà *par monts et par vaux*. Et si encore il avait su à quelle gare l'homme était descendu ! Quelle heure pouvait-il bien être ? Quand allait-on enfin voir *les abords* de Berlin ? Derrière les vitres du train défilaient des immeubles et des villas avec des jardins fleuris. Puis apparurent de hautes cheminées noirâtres. On était peut-être déjà à Berlin. De toute façon, il profiterait du prochain arrêt pour alerter le contrôleur et tout lui expliquer. Mais ensuite le contrôleur s'empresserait d'alerter la police !
Il ne manquait plus que cela qu'il ait aussi affaire à la police ! Cette fois, l'agent de police Jeschke ne pourrait plus garder le silence. [...]

VOCABULAIRE 10

Contenir, c'est retenir. Ici, Émile il ne peut retenir ses larmes : il pleure.

Trimer signifie travailler dur, se donner beaucoup de peine. On comprend que Mme Tischbein doit travailler dur pour gagner assez d'argent pour vivre.

« **À présent** » est employé pour dire « maintenant ». Son contraire est « dans le temps ».

Par monts et par vaux désigne des lieux éloignés les uns des autres. En ancien français, « vaux » signifiaient « vallées ».

« **Les abords** » a pour synonymes « les environs », « les alentours ».

11 C'était épouvantable. Dire qu'il ne pouvait même pas se confier à la police !

Il retira déjà sa valise du *filet*, mit sa casquette, piqua de nouveau l'épingle au revers de sa veste et se prépara à descendre sur le quai. Pour la suite, il n'avait encore aucune idée de ce qu'il allait faire. Une chose était sûre : il ne resterait pas cinq minutes de plus dans ce compartiment.

Entre-temps, le train avait ralenti sa marche. Émile aperçut au-dehors *une multitude* de rails.

Le quai apparut. Des porteurs de bagages accouraient déjà pour gagner quelques pièces.

Enfin, le train s'arrêta !

Regardant par la fenêtre, Émile vit un grand écriteau, sur lequel était écrit : GARE DU JARDIN ZOOLOGIQUE. Il baissa aussitôt la vitre et se pencha au-dehors pour chercher du regard le conducteur de la locomotive. C'est alors qu'il aperçut, au milieu de la foule, un chapeau melon noir. Et s'il s'agissait du voleur ? Qui sait si, après lui avoir *dérobé* son argent, celui-ci n'aurait pas profité d'un arrêt du train pour tout simplement monter dans un autre wagon ?

En une fraction de seconde, Émile fut sur le quai, posa sa valise, remonta dans le train pour prendre les fleurs qu'il avait oubliées dans le filet, redescendit, reprit sa valise, la leva au-dessus de sa tête et courut à toute vitesse en direction de la barrière de sortie.

Tiens ! Où donc était passé le chapeau melon ?

Émile tantôt trébuchait, tantôt heurtait les gens avec son bagage. Mais rien n'aurait pu l'arrêter. Pourtant, la *marée humaine* devenait de plus en plus *compacte* et *impénétrable.*

Ah, là-bas ! Il était là-bas, le chapeau melon. Oh, la catastrophe ! Il y en avait un deuxième ! C'est à peine si Émile pouvait encore porter sa valise. Il aurait bien aimé la laisser sur place.

Mais on la lui aurait volée, elle aussi. Il avait enfin réussi à s'approcher des chapeaux melon. Celui-ci, était-ce le bon ? Non, pas de chance ! Ça ne pouvait être que l'autre, un peu plus loin ! Hélas, non ! L'homme était trop petit pour être son voleur. *Aux aguets*, Émile continuait de se faufiler *tant bien que mal* à travers *la cohue*. Soudain, son cœur s'emballa. Là-bas ! C'était bien lui, Grundeis ! Il allait franchir *la barrière de contrôle* et semblait très pressé.

— Attends un peu, canaille, grommela Émile entre ses dents. D'ici peu, tu vas être fait comme un rat !

Arrivé à son tour à la barrière, il remit son billet de train, changea sa valise de main, bloqua le bouquet de fleurs sous son bras droit et descendit en courant les escaliers à la poursuite de l'homme.
C'était maintenant que tout allait se jouer.

VOCABULAIRE 11

Autrefois, de grands **filets** au-dessus des banquettes permettaient de ranger les bagages.

Une **multitude** est une très grande quantité.

Dérober : voler.

« En une fraction de seconde » est une expression utilisée pour dire qu'Émile se retrouve très rapidement sur le quai. Une seconde est un temps très court, alors une fraction (une partie) d'une seconde est un temps encore plus court.

Lors des départs ou des arrivées de trains, par exemple, on observe une foule de voyageurs rassemblés sur le quai de la gare, c'est une **marée humaine**. Dans une foule, les gens sont souvent serrés au point qu'on ne puisse pas circuler entre eux. La marée humaine est donc **compacte** et **impénétrable**.

Émile observe, guette, surveille : il est **aux aguets**.

Tant bien que mal : avec difficulté.

La cohue est une foule agitée.

La barrière de contrôle : Pendant près d'un siècle, les voyageurs ne pouvaient ni accéder à un quai, ni le quitter sans passer par une barrière où ils devaient présenter leur billet à un contrôleur.

La ligne de tramway 177

12 Émile aurait voulu rattraper l'individu, se poster devant lui et lui crier : « Rendez-moi l'argent ! » Mais il n'imaginait pas l'homme lui répondre : « Très volontiers, mon garçon. Tiens, le voilà. Je te promets de ne plus recommencer. » Non, les choses n'étaient pas aussi simples et tout ce qu'il pouvait faire dans l'immédiat était de ne pas le perdre de vue.

Ayant repéré une grosse dame aux larges épaules qui marchait devant lui, Émile se dissimula derrière elle, se contentant de tendre le cou, tantôt à droite, tantôt à gauche, pour s'assurer que son voleur n'avait pas subitement disparu.

L'homme finit par atteindre la sortie de la gare. C'est alors qu'il s'immobilisa, tourna la tête et observa les gens qui se pressaient derrière lui, comme s'il cherchait quelqu'un.

Se collant quasiment contre la grosse dame, Émile continua d'avancer. Arrivé à quelques mètres de l'homme, il s'interrogea. Maintenant, que faire ? Il allait devoir passer devant lui et alors, finie l'opération camouflage ! La dame l'aiderait-il s'il lui *déballait* toute son histoire ? Il faudrait qu'elle le prenne au sérieux, et c'était peu probable. Dans le cas contraire, le voleur lui dirait : « Excusez-moi, madame ! Mais vous racontez n'importe quoi. Croyez-vous que j'ai besoin de voler des enfants ? » Aussitôt, tous les gens *braqueraient* leurs regards sur lui, Émile, et s'exclameraient : « *C'est le comble !* Oser accuser

injustement une grande personne ! Vraiment, la jeunesse d'aujourd'hui est d'une *insolence inimaginable* ! » Rien que de penser à tout ce *scénario*, Émile en claquait des dents.

Par chance, l'homme regarda de nouveau devant lui et quitta la gare. D'un bond, Émile se posta derrière la grande porte vitrée à barreaux, posa sa valise tant son bras lui faisait mal et suivit l'homme du regard. Celui-ci traversa lentement la rue, se retourna un bref instant en plein milieu, puis poursuivit tranquillement son chemin. À ce moment-là, le tramway de la ligne 177 arriva et s'arrêta. L'homme réfléchit quelques secondes, revint sur ses pas, puis monta dans la première voiture et s'assit près d'une fenêtre.

Empoignant rapidement sa valise, Émile longea la porte *en courbant l'échine*, remonta le hall de la gare, trouva une autre porte de sortie, traversa la rue à toute vitesse et réussit à attraper par l'arrière le deuxième wagon du tramway au moment où celui-ci démarrait. Ouf ! Jusqu'à présent, tout s'était bien passé. Mais après ? Que faire si par malheur il prenait envie à l'autre de sauter en marche du tramway ? Dans ce cas, lui, Émile, pourrait dire adieu à son argent, car en faire autant avec une valise à la main serait trop dangereux. [...]

VOCABULAIRE 12

Déballer est un verbe familier qui signifie raconter, se confier à quelqu'un.

Braquer son regard, c'est fixer des yeux.

Oser accuser injustement une grande personne est **un comble**. « **C'est le comble !** » est une expression utilisée pour dire que quelque chose est **inimaginable**.

Une insolence est un manque de respect. On dit d'un enfant qu'il est insolent quand il a une attitude déplacée à l'égard des adultes.

Le **scénario** est l'histoire racontée par une pièce de théâtre, un roman ou un film.

L'échine désigne la colonne vertébrale, c'est-à-dire le dos. **Courber l'échine** signifie baisser le dos.

13 Au premier arrêt, Émile regarda par le *soufflet* reliant les deux wagons et ne quitta pas des yeux la *voiture motrice*. Personne n'en descendit. Par contre, beaucoup de nouveaux voyageurs montèrent, y compris dans son wagon. L'un d'eux d'ailleurs se fâcha parce qu'il lui barrait le passage.
— Tu ne vois donc pas que les gens veulent passer ? grogna-t-il.
Le contrôleur, qui vendait des billets dans la première voiture, actionna un cordon. Il y eut un tintement de clochette et le tramway se remit en marche. Émile reprit sa place dans son coin, ce qui ne l'empêcha pas d'être bousculé et d'avoir les pieds écrasés.
D'un coup, une pensée *fulgurante* lui traversa l'esprit : « Tout est fichu ! Je n'ai même plus de quoi payer mon ticket de transport, et le contrôleur va m'obliger à descendre dès le prochain arrêt. »
Examinant ses plus proches voisins, il se demanda s'il n'y en aurait pas un parmi eux qu'il pourrait tirer discrètement par la manche pour lui dire: «S'il vous plaît! Avancez-moi l'argent du ticket ! » Non ! Il était inutile de rêver. Tous avaient un air tellement sérieux. L'un était absorbé par la lecture de son journal. Deux autres discutaient à propos d'un *braquage* de banque.
Le contrôleur approchait de plus en plus. Arrivé dans l'encadrement de la porte, il demanda *à la cantonade* :
— Qui n'a pas encore de ticket ? Tu as ton ticket, toi ? demanda-t-il à Émile.
— J'ai perdu mon argent, monsieur le contrôleur.

S'il avait parlé du vol de son argent, on l'aurait traité de menteur.
— Tu as perdu ton argent ? Tiens donc ! Ce n'est pas la première fois que j'entends ce genre de discours. Et puis-je savoir où tu vas ?
— Je... Je ne sais pas encore.
— Ah bon ! Eh bien, descends à l'arrêt suivant. Là, tu auras tout le temps de réfléchir où tu veux aller.
— C'est impossible, monsieur le contrôleur ! Il faut absolument que je reste ici. Je vous en supplie !

— Si je te demande de descendre, tu descends. Compris ?
— Donnez un ticket à ce gamin ! intervint alors l'homme au journal, en tendant de l'argent au contrôleur.
Le contrôleur s'exécuta en marmonnant :
— Si vous saviez, monsieur, combien j'en vois tous les jours des gamins comme lui ! Ils montent dans le tramway et essaient de vous faire *gober* qu'ils ont perdu leur argent. Et dès que vous avez le dos tourné, ils se moquent de vous, ravis de vous avoir joué une bonne farce.
— Je n'ai pas l'impression que celui-ci soit en train de se moquer de nous, répliqua *le généreux donateur.*

VOCABULAIRE 13

Le soufflet est un dispositif qui permet de relier deux wagons. Le premier wagon est appelé « **voiture motrice** ».

Une pensée **fulgurante** est une idée à laquelle on pense soudainement.

Le **braquage** d'une banque est un vol avec une arme.

Parler **à la cantonade**, c'est parler sans donner l'impression de s'adresser à quelqu'un en particulier. Le contrôleur pose une question à la cantonade, c'est-à-dire à tous les voyageurs qui n'auraient pas de ticket.

« **Gober** » est une verbe familier qui signifie « croire ».

Un **donateur** est une personne qui fait un don. Le donateur est ici un passager qui offre un ticket de tramway à Émile. On peut dire de cet homme qu'il est **généreux**, car il n'attend rien en retour.

14

Le contrôleur repartit dans le wagon de tête.
— Je ne sais comment vous remercier, monsieur ! dit Émile.
— *Il n'y a pas de quoi*, lui répondit l'homme, qui s'était déjà replongé dans son journal.
Le tramway s'arrêta de nouveau et Émile, une fois encore, tendit le cou pour s'assurer que l'homme au chapeau melon n'allait pas descendre.
Il s'adressa alors au monsieur au journal :
— Monsieur ! Je peux vous demander votre adresse ?

— Pourquoi donc ?
— Pour que je puisse vous rembourser dès que j'aurai de l'argent. Je reste en principe une semaine à Berlin et je pourrais passer chez vous pour vous le remettre. Mon nom est Émile Tischbein. Je suis de Neustadt.
— Tu plaisantes ! lui répondit l'homme. C'est très volontiers que je te l'ai offert. Mais veux-tu que je te donne aussi un peu d'argent ?
— Surtout pas, monsieur ! Je vous remercie.
— Comme tu veux, lui dit l'homme.
Et il repiqua du nez dans son journal.
Le tramway roulait. S'arrêtait. Repartait. Puis il remonta un boulevard magnifique dont le nom sur *une plaque* indiquait qu'il s'agissait de *la Kaierallee.* Émile, lui, continuait aussi son chemin, ignorant toujours où il allait. Dans le premier wagon se trouvait son voleur. Qui sait même s'il n'y en avait pas d'autres parmi tous ces voyageurs assis ou debout ? Ce qui était sûr, c'est que personne ici ne s'inquiétait de son sort. D'accord, un étranger lui avait offert un ticket, mais il avait oublié Émile immédiatement après, plus intéressé qu'il était par son journal.
Que la ville était grande ! Qu'Émile se sentait petit ! Pas un seul être n'avait la curiosité de savoir pourquoi il était sans argent et pourquoi il n'avait aucune idée de l'endroit où il allait. Berlin comptait quatre millions d'habitants, et pas un seul ne se préoccupait de lui, Émile Tischbein. Évidemment, les gens ont suffisamment à faire avec leurs propres soucis pour ne pas se pencher sur ceux d'*autrui*. D'ailleurs, quand quelqu'un vous dit : « Je suis vraiment désolé », cela signifie généralement : « S'il te plaît, fiche-moi la paix ! »
Comment tout ceci allait-il finir ? Émile étouffa un sanglot. Il éprouvait un tel sentiment d'abandon !

Erich Kästner

VOCABULAIRE 14

« Il n'y a pas de quoi » est une formule de politesse donnée en réponse à un remerciement ou à des excuses. Le généreux donateur utilise cette formule en réponse au remerciement d'Émile.

La plaque est ici un panneau qui indique le nom d'une rue : **la Kaierallee**.

Les gens ont suffisamment de soucis pour ne pas se pencher sur ceux des autres, sur ceux d'autrui. Le nom **« autrui »** désigne l'autre ou les autres en général.

ATELIER THÉÂTRE

Le Corps – Mimer

Au théâtre, le corps est très important. Un acteur sait toujours le mouvement exact qu'il est en train de faire : il maîtrise son corps. Bouger ou s'immobiliser, faire un mouvement très petit ou très grand, coordonner ses gestes, font partie de l'entraînement de l'acteur et lui permettent de raconter... sans même avoir besoin de mots.

1. L'obstacle imaginaire

Courez sur place en regardant droit devant vous. Quand le professeur donne le signal « Haie ! », sautez une haie imaginaire. Quand le professeur donne le signal « Falaise ! », arrêtez-vous net, comme si une falaise apparaissait à vos pieds.

« Ne regarde pas par terre, mais droit devant toi. Pense à respirer pour ne pas t'essouffler. »

2. La course au ralenti

Alignés, allez d'un point à un autre de l'espace en mimant une course au ralenti. (Pensez aux vidéos ralenties des images sportives à la télévision.)

« Inspire (prends de l'air par le nez) et expire (fais sortir l'air par la bouche) de manière régulière pour garder ton équilibre. - Regarde droit devant toi : vers le point d'arrivée. - Exprime des émotions : envie de gagner, peur de perdre ou de tomber, victoire, tricherie... tout cela au ralenti. »

3. Petite histoire mimée

Relisez attentivement l'extrait du texte 7 de « Il s'éclipsa » à « Il regagna son compartiment ».

Mimez les cinq étapes ci-dessous, l'une après l'autre, après les avoir mémorisées. *Mimer* signifie que vous n'avez pas recours à la parole ni aux objets : la compréhension repose uniquement sur vos gestes.

1. Sortez une enveloppe de votre veste.
2. Exprimez le soulagement : « Ouf, l'enveloppe est là ! »
3. Exprimez l'inquiétude : « Comment protéger cet argent des voleurs ? »
4. Prenez une épingle dans votre col.
5. Piquez l'épingle dans l'enveloppe et à l'intérieur de votre veste.

« Parmi ces cinq étapes, trois désignent des actions, et deux des émotions. Retrouve lesquelles avant de commencer. - Contente-toi de ces cinq choses à faire, sans en ajouter. »

SEMAINE 1

1

Questions de compréhension

page 36

1- Quelle activité Madame Tischbein exerce-t-elle ?

2- Où et quand Émile part-il ? Pourquoi part-il seul ?

3- Qui attendra Émile à l'arrivée ? Quel est le point de rendez-vous ?

Construire une phrase

1- Remplacez le nom souligné par un pronom personnel.

Émile est un jeune garçon obéissant et serviable.

Madame Tishbein fait des shampoings et des mises en plis aux femmes du quartier.

Monsieur Tishbein était plombier, Monsieur Tishbein est mort quand Émile avait cinq ans.

2- Soulignez tous les **noms** ou **pronoms** qui désignent Émile.

« Au début, Émile n'avait pas du tout envie d'aller à Berlin, explique Madame Tischbein. Mais je trouvais dommage que mon garçon passe ses vacances ici à s'ennuyer. Dès son arrivée à Berlin à la gare Friedrichstrasse, il est attendu par ma mère. Elle a donné rendez-vous à mon fils près du kiosque à fleurs. »

2

Questions de compréhension

page 37

1- Expliquez pourquoi Mme Wirth *gargouille* ?

2- Relevez les phrases qui décrivent la ville de Berlin.

3- Pourquoi Émile est-il de mauvaise humeur ?

4- Relevez les mots ou expressions qui montrent l'humeur d'Émile.

Composer un petit texte

1- Recopiez le texte suivant en remplaçant les différents « Émile » par d'autres mots afin d'**éviter les répétitions**.

Utilisez d'autres noms ou pronoms ou rajoutez à Émile un adjectif qualificatif.

Émile était un enfant particulièrement bien élevé. Émile évitait de se montrer paresseux ou de faire des bêtises, pour ne pas contrarier sa mère. En effet, celle-ci s'épuisait déjà toute la journée pour assurer le quotidien et permettre à Émile d'aller au collège. Le fait est donc qu'Émile était un enfant modèle.

2- Copiez le texte et soulignez les **verbes**.

Mme Tischbein passa son bras autour des épaules de son fils et l'entraîna dans la cuisine. Elle lui avait préparé des macaronis au jambon avec du parmesan râpé. Émile se goinfra littéralement, jetant seulement de temps en temps un regard inquiet vers sa mère.

SEMAINE 2

3 **Questions de compréhension** page 39

1- Tout au long du texte, Madame Tischbein fait des recommandations à son fils. Donnez quelques exemples. Quels sont les temps utilisés ?

2- Que trouve-t-on dans la boîte en fer-blanc ? Expliquez ce que signifie Madame Tischbein en disant : « J'étais trop à court d'argent. »

3- À quoi Émile doit-il faire attention durant son voyage en train ? Pourquoi ?

Construire une phrase

1- À l'aide des **adverbes** ci-dessous et en supprimant le mot en italique, dites le **contraire** de chaque phrase. souvent, toujours, beaucoup, lentement

Mme Tischbein n'avait que rarement de l'argent à envoyer à sa mère.
Madame Tischbein … de l'argent à envoyer à sa mère.
Elle n'était jamais à court d'argent. > Elle … à court d'argent.
Émile avait un costume qu'il n'appréciait pas. > Émile avait un costume qu'il …
Mme Tischbein relut brièvement la lettre de sa sœur Martha.
Mme Tischbein … la lettre de sa sœur Martha.

2- Dites le **contraire** des phrases suivantes.

Émile est toujours vêtu d'un costume bleu marine.
Mme Tischbein fait la cuisine, le ménage et la lessive.
Émile est serviable avec sa mère.
Mme Tischbein fait ses comptes tous les jours.

4 **Questions de compréhension** page 40

1- Le narrateur explique ce qu'est un tramway hippomobile. À qui s'adresse-t-il ?

2- Expliquez la phrase : « *L'énergie d'un cheval en chair et en os faisait très bien l'affaire.* »

3- Pourquoi Émile a-t-il mauvaise conscience ?

4- Pourquoi a-t-il les jambes en coton ?

Composer un petit texte

1- Relisez avec soin la description du tramway *hippomobile*, et, de la même façon, **décrivez** une automobile à pédales.

2- Relisez plusieurs fois le passage bordé d'un filet, puis, livre fermé, essayez de **raconter l'anecdote de mémoire**.

Pour vous aider : repérez les verbes et comptez combien il y a de phrases.

SEMAINE 3

5 Questions de compréhension

page 42

1- De quelle qualité d'Émile est-il sujet au début du texte ?

2- Citez tous les passagers du compartiment d'Émile.

3- Émile a-t-il de quoi être rassuré ? Donnez votre propre avis.

Construire une phrase

1- Écrivez les phrases de manière à mettre le **sujet après le verbe** en italique.

Exemple : Mme Tischbein *disait* à Émile : il faut que tu sois prudent.
Émile, *disait Mme Tischbein*, il faut que tu sois prudent.
Le policier Jeschke *demande* à Mme Tischbein : Les nouvelles sont-elles bonnes ?
Mme Jakob *dit* au jeune homme : Vous transmettrez à Kurzhals mon bon souvenir.
Émile *questionne* Monsieur Grundeis : pouvez-vous me décrire Berlin ?

2- Ajoutez aux phrases un deuxième **nom sujet** :
les moteurs, les légumes, les restaurants, les tours, les avenues, les vélos.

Exemple : *Les rues sont couvertes de passants.*
Les rues et les avenues sont couvertes de passants.
Les voitures envahissent la ville.
Les immeubles sont d'une hauteur à couper le souffle.
Les klaxons résonnent dans toute la ville.
Les fruits garnissent les étales des marchands.
Les cafés installent leurs terrasses au soleil.

6 Questions de compréhension

page 44

1- Quelles sont les sottises racontées par M. Grundeis ?

2- Qu'est-ce que ces sottises déclenchent au sein du compartiment ?

3- Relevez dans le texte ce qui montre que les passagers sont gênés par la situation.

Composer un petit texte

1- Voici une liste de **noms ou pronoms personnels sujets :**
Émile, il - Mme Tischbein, elle, sa mère – Mère et fils – Le voyage.
Copiez le texte suivant en complétant les pointillés par un sujet.

… est en vacances. Contrairement à lui, … est très occupée avec son salon de coiffure. … décide d'envoyer Émile à Berlin chez son oncle et sa tante. … voyagera en train de Neustadt à Berlin. … lui confie une enveloppe remplie d'argent à donner à sa grand-mère à l'arrivée. … s'embrassent et se quittent sur le quai de la gare. … peut commencer.

2- Écrivez ce petit paragraphe et complétez les quatre phrases en disant ce que fait chaque personnage.
Écrivez les phrases au présent.

À l'arrivée dans son compartiment, Émile découvre ses compagnons de voyage.
D'un côté, une dame corpulente … .
Une autre femme … .
Un homme, à la respiration bruyante, … .
En face, un homme avec un chapeau melon … .

SEMAINE 4

7 **Questions de compréhension** page 45

1- Pourquoi Émile n'est-il plus très enchanté de son voyage en train ?

2- Pourquoi Émile est-il inquiet ? Que fait-il pour se rassurer ?

3- Expliquez la phrase : « Cela le dispensait de devoir discuter avec lui. »

Construire une phrase

1- **Terminez ces phrases** au passé-composé à l'aide des mots de droite qui conviennent :

J'ai trébuché …	mon costume
J'ai enfilé …	contre le trottoir
J'ai aimé …	avec mes voisins
J'ai regardé …	prendre le train
J'ai discuté …	le paysage

2- Même exercice que le n°1, mais en disant le **contraire**.

Exemple : *Je n'ai pas trébuché contre le trottoir.*

3. Même exercice que le n°2, mais en ajoutant **une explication**.

Exemple : *Je n'ai pas trébuché contre le trottoir, parce que je suis attentif en marchant.*

8 **Questions de compréhension** page 47

1- Pourquoi Émile espère-t-il l'arrivée de nouveaux voyageurs ?

2- Pourquoi Émile ne veut-il pas s'endormir ?

3- Quels souvenirs Émile a-t-il de sa cousine Pony Bibi ?

Composer un petit texte

1- Après avoir identifié les **verbes** du texte, copiez ce paragraphe en le mettant au **présent**.

« L'homme n'avait même pas retiré son chapeau pour dormir. N'était-ce pas un peu bizarre ? Il avait un long visage maigre barré d'une moustache noire, une centaine de rides autour de la bouche et des oreilles extrêmement minces et décollées. »

2- Répondez aux questions pour former un paragraphe cohérent.

N'oubliez pas la ponctuation et pensez à varier les sujets pour éviter les répétitions.

Où Émile replace-t-il l'enveloppe d'argent ?
À son retour dans le compartiment, où s'assoie-t-il ?
En face de lui, que fait M. Grundeis ? Qu'a-t-il encore sur la tête ?
Pendant les deux heures restantes avant l'arrivée, qu'est-ce qu'Émile aimerait faire ?
Malheureusement, pourquoi ne peut-il pas dormir ?

SEMAINE 5

9 **Questions de compréhension** page 48

1- Pour quelle raison Émile est-il étreint par l'angoisse ?
Relevez les expressions qui décrivent l'angoisse d'Émile.

2- Pourquoi n'ose-t-il pas faire le moindre geste ?

3- Imaginez la suite de l'histoire.

Construire une phrase

1- Remplacez les points, suivant le cas, par **a** (auxiliaire avoir) ou par **est** (auxiliaire être).
Émile … sombré dans le sommeil. Quel imprudent !
Il s' … mis à rêver que son train tournait en rond de plus en plus vite.
Pendant ce temps, M. Grundeis s'… réveillé.
…-t-il volé l'argent ? Dans tous les cas, il … fuit ou … , tout simplement, parti.
Émile … réveillé en sursaut par sa chute du banc.
Angoissé, il n'… pas, encore, osé regarder dans sa veste.

2- Complétez les phrases à l'aide des noms :
cuisine, dimanche, chambre, Émile, costume, boîte.
Madame Tischbein a descendu sa … avec ses économies puis est descendue à la … .
Mme Tischbein est montée dans la … d'… et elle lui a monté son … du … .

10 **Questions de compréhension** page 49

1- Expliquez avec vos propres mots la raison des pleurs d'Émile.

2- Qu'est-ce que désigne le « tortillard brinquebalant » ? Pourquoi ?

3- Pourquoi ne veut-il pas parler à la police ?

Composer un petit texte

1- Voici plusieurs suites possibles de l'histoire, **expliquez** pourquoi chaque solution n'est pas envisageable pour Émile.
- Émile retrouve sa grand-mère à la gare Friedrichstrasse.
- Émile alerte le contrôleur du train.
- Émile décide de poursuivre M. Grundeis.

2- Recopiez le texte en le complétant avec les mots des textes 9 et 10.
Émile se … au moment où le … se remettait en marche. … de tout son corps, Émile se rendit compte de l'absence de … . C'est alors qu'une question l'… : l'argent était-il toujours là ? Émile glissa lentement la … dans sa veste, mais la poche était … ! L'… avait disparu ! Émile ne put … ses larmes en pensant combien sa mère avait dû … des … et des mois afin d'… l'argent pour sa grand-mère et pour son … à Berlin. Quelle histoire … !

SEMAINE 6

11 **Questions de compréhension** page 51

1- Qu'est-ce qu'Émile choisit de faire ? Pourquoi ?

2- Quelle désagréable surprise attend Émile sur le quai ?

3- À quoi pense Émile lorsqu'il aperçoit M. Grundeis ?

Construire une phrase

1-**Construisez une phrase** avec chacune des expressions suivantes et terminée par : *quelle imprudence !*
s'endormir dans le train, voyager avec beaucoup d'argent, descendre à la mauvaise gare, poursuivre son voleur, ne pas informer la police.
Exemple : *Il s'est endormi dans le train. Quelle imprudence !*

2- Copiez cette phrase : **Sur le quai, la foule semblait bien plus compacte**.
Faire des phrases semblables avec les groupes de mots suivants :

La gare grande — Le voleur éloigné
Les valises lourdes — Les voyageurs agités

3. Recopiez ces phrases en remplaçant le nom sujet, par un **pronom sujet**.
Exemple : *Sur le quai, elle semblait bien plus compacte !*

12 **Questions de compréhension** page 53

1- En quoi consiste l'« opération camouflage » d'Émile ?

2- Pourquoi est-il peu probable que la dame le prenne au sérieux ?

3- Quel scénario Émile imagine-t-il ?

Composer un petit texte

1- Complétez le paragraphe suivant en ajoutant des **points** ou des **virgules** à la place des parenthèses.
« Par chance ( ) l'homme regarda de nouveau devant lui et quitta la gare ( ) D'un bond ( ) Émile se posta derrière la grande porte vitrée à barreaux ( ) posa sa valise tant son bras lui faisait mal et suivit l'homme du regard ( ) Celui-ci traversa lentement la rue ( ) se retourna un bref instant en plein milieu ( ) puis poursuivit tranquillement son chemin ( ) À ce moment-là ( ) le tramway de la ligne 177 arriva et s'arrêta ( ) »

2- **Rédigez** le paragraphe suivant.
Titre : Inquiétude à la gare Friedrichstrasse.
Idées à développer : Qui attend Émile à la gare Friedrichstrasse ? Émile arrivera-t-il dans cette gare ? Pourquoi ? À l'heure prévue, Émile n'est pas arrivé.
Imaginez : La grand-mère et Pony Bibi sont-elles inquiètes ? Au bout de deux heures, que font-elles ?

SEMAINE 7

13 **Questions de compréhension** page 55

1- Pourquoi Émile est-il bousculé et a-t-il les pieds écrasés ?

2- Expliquez pourquoi : « Tout est fichu ! »

3- Le contrôleur est-il compréhensif ? Comment Émile arrive-t-il à se sortir de cette mauvaise situation ?

Construire une phrase

1- Complétez par un **pronom personnel sujet**.

Le tramway roulait, s'arrêtait, repartait. Puis ... remonta un boulevard magnifique. Des voyageurs montaient et descendaient à chaque arrêt. ... discutaient, lisaient ou prenaient des airs sérieux. Le contrôleur appela à la cantonade ceux qui n'avaient pas de ticket. ... n'aimait pas qu'on se moque de lui. À la gare Friedrichstrasse, la grand-mère et Pony Bibi attendaient toujours Émile, ... commençaient à s'inquiéter.

2- **Dites le contraire** et **expliquez**.

Exemple : *Émile a de l'argent.*
Émile n'a pas d'argent parce qu'un homme lui a volé ses billets.
Émile raconte tout à la police.
M. Grundeis est un honnête homme.
Émile descend à la gare Friedrichstrasse.
Le contrôleur croit l'histoire d'Émile.

14 **Questions de compréhension** page 56

1- Quelle est l'attitude du généreux donateur ? Vous étonne-t-elle ?

2- Que reproche Émile à tous les gens qui l'entourent ?

3- Quels sentiments envahissent Émile ?

4- Imaginez une suite à cette histoire.

Composer un petit texte

1- Copiez ce paragraphe. Soulignez les verbes en rouge et les sujets en bleu.

« Le tramway roulait. S'arrêtait. Repartait. Puis il remonta un boulevard magnifique dont le nom sur une plaque indiquait qu'il s'agissait de la Kaierallee. Émile, lui, continuait aussi son chemin, ignorant toujours où il allait. Dans le premier wagon se trouvait son voleur. Que la ville était grande ! Qu'Émile se sentait petit ! Berlin comptait quatre millions d'habitants, et pas un seul ne se préoccupait de lui, Émile Tischbein. »

ÉSOPE

FABLES

Traduit du grec ancien par Émile Chambry - Illustrations de Jean-Noël Rochut

LE LABOUREUR ET SES ENFANTS

1 Un *laboureur*, sur le point de terminer sa vie, voulut que ses enfants *acquissent* de l'expérience en agriculture. Il les fit venir et leur dit : « Mes enfants, je vais quitter ce monde ; mais vous, cherchez ce que j'ai caché dans ma *vigne*, et vous trouverez tout. » Les enfants s'imaginant qu'il y avait enfoui un trésor en quelque coin, *bêchèrent* profondément tout le sol de la vigne après la mort du père. De trésor, ils n'en trouvèrent point ; mais la vigne bien remuée donna son fruit *au centuple*.

Cette fable montre que le travail est pour les hommes un trésor.

VOCABULAIRE 1

Un **laboureur** est une personne qui retourne sa terre pour la cultiver. Il y a des années, un laboureur désignait un paysan qui possédait la terre qu'il cultivait et au moins une charrue et des animaux pour la tirer.

Acquérir signifie obtenir.

Une **vigne** est un petit arbre qui produit du raisin. La **vigne** (ou vignoble) désigne aussi le terrain sur lequel le raisin est cultivé.

Une bêche est un outil équipé d'un long manche en bois et d'une large lame tranchante, qui sert à retourner la terre. **Bêcher**, c'est donc utiliser une bêche.

La vigne donne son fruit **au centuple**, signifie qu'elle donne une quantité cent fois plus grande de raisin.

La tortue et le lièvre

2 La tortue et le lièvre *disputaient qui était le plus vite*. En conséquence ils fixèrent un jour et un endroit et se séparèrent. Or le lièvre, confiant dans sa vitesse naturelle, ne se pressa pas de partir ; il se coucha au bord de la route et s'endormit ; mais la tortue, qui avait conscience de sa lenteur, ne cessa de courir, et, prenant ainsi l'avance sur le lièvre endormi, elle arriva au but et gagna le prix.
Cette fable montre que souvent le travail l'emporte sur les *dons naturels*, si on les *néglige*.

VOCABULAIRE 2

Le verbe « **disputer** » s'utilisait autrefois dans le sens de discuter, débattre. La tortue et le lièvre discutent pour savoir qui court le plus **vite**.

Les talents et les qualités sont des **dons naturels**. La rapidité est une qualité pour un lièvre.

Négliger : laisser de côté, oublier de faire.

Semaine 2

Le corbeau et le renard

3 Un corbeau, ayant volé un morceau de viande, s'était perché sur un arbre. Un renard l'aperçut, et, voulant *se rendre maître* de la viande, se posta devant lui et *loua* ses *proportions élégantes* et sa beauté, ajoutant que nul n'était mieux fait que lui pour être le roi des oiseaux, et qu'il le serait devenu sûrement, s'il avait de la voix. Le corbeau, voulant lui montrer que la voix non plus ne lui manquait pas, lâcha la viande et poussa de grands cris. Le renard se précipita et, saisissant le morceau, dit : « Ô corbeau, si tu avais aussi du *jugement*, il ne te manquerait rien pour devenir le roi des oiseaux. »
Cette fable est une leçon pour les *sots*.

VOCABULAIRE 3

Se rendre maître : posséder.

Le renard **loue** les **proportions élégantes** du corbeau, c'est-à-dire qu'il vante le corbeau en lui disant qu'il est très beau et bien proportionné, ni trop gros ni trop petit.

Le jugement est la capacité à juger une situation, afin de savoir si elle est bonne ou mauvaise. Le corbeau manque de jugement en se laissant attendrir par les compliments du renard.

Un **sot** est une personne qui manque d'intelligence, de jugement.

Le loup et l'agneau

4 Un loup, voyant un agneau qui buvait à une rivière, voulut *alléguer un prétexte spécieux* pour le dévorer. C'est pourquoi, bien qu'il fût lui-même *en amont*, il l'accusa de *troubler l'eau* et de l'empêcher de boire. L'agneau répondit qu'il ne buvait que du bout des lèvres, et que d'ailleurs, étant à *l'aval*, il ne pouvait troubler l'eau à l'amont. Le loup, *ayant manqué son effet*, reprit : « Mais *l'an passé* tu as *insulté* mon père. — Je n'étais pas même né à cette époque, » répondit l'agneau. Alors le loup reprit : « Quelle que soit ta facilité à te *justifier*, je ne t'en mangerai pas moins. »
Cette fable montre qu'auprès des gens décidés à faire le mal la plus juste défense reste sans effet.

VOCABULAIRE 4

Alléguer un prétexte spécieux, c'est trouver une fausse raison.

Amont signifie « vers la montagne » et **aval** « vers la vallée ». L'eau coule de l'amont vers l'aval.

Troubler l'eau, c'est en modifier sa transparence.

Manquer son effet signifie rater son but. Le loup a en effet pour but de manger l'agneau en raison du dérangement qu'il cause à l'eau.

L'an passé : l'année dernière.

Insulter signifie injurier, dire des insultes.

Se justifier, c'est donner des preuves de son innocence.

La fourmi et l'escarbot

5 Dans la saison d'été, une fourmi *rôdant* dans la campagne, ramassait des grains de blé et d'*orge*, et les mettait en réserve pour s'en nourrir en hiver. *Un escarbot* l'aperçut et s'étonna de la voir si *laborieuse*, elle qui travaillait au temps même où les autres animaux, débarrassés de leurs travaux, *se donnent du bon temps*. Sur le moment, la fourmi ne répondit rien ; mais plus tard, quand vint l'hiver et que *la pluie détrempa les bouses*, l'escarbot *affamé* vint demander à la fourmi *l'aumône* de quelque aliment. La fourmi lui dit alors : « Ô escarbot, si tu avais travaillé au temps où je *prenais de la peine* et où tu m'*injuriais*, tu ne manquerais pas à présent de nourriture. »
Pareillement les hommes qui, dans *les temps d'abondance*, ne se préoccupent pas de l'*avenir*, tombent dans *une misère extrême*, lorsque les temps viennent à changer.

VOCABULAIRE 5

Un **escarbot** est un animal de la famille des coléoptères comme le scarabée.

Rôder signifie ici aller un peu partout.

Le blé et l'**orge** sont des céréales. Ils font partie de l'alimentation des animaux.

La fourmi est **laborieuse**, elle travaille beaucoup et de manière assidue.

Se donner du bon temps, c'est ne pas travailler et se reposer, se détendre.

La pluie détrempa les bouses signifie que la pluie a imprégné d'eau les crottes de vaches.

L'escarbot a très faim, il est **affamé**.

Prendre de la peine : travailler.

Injurier : insulter.

L'été est la saison des récoltes, c'est un **temps d'abondance**.

L'avenir est le temps à venir. Les saisons froides d'automne et d'hiver arrivent après l'été. Le froid ne permet plus de trouver à manger dans la nature.

La misère extrême : grande pauvreté.

La cigale et les fourmis

6 C'était en hiver ; leur grain étant mouillé, les fourmis le faisaient sécher. Une cigale qui avait faim leur demanda de quoi manger. Les fourmis lui dirent : « Pourquoi, pendant l'été, n'*amassais*-tu pas, toi aussi, des provisions ?
– Je n'en avais pas le temps, répondit la cigale : je chantais *mélodieusement.* »
Les fourmis lui rirent au nez : « Eh bien ! dirent-elles, si tu chantais en été, danse en hiver. »
Cette fable montre qu'*en toute affaire* il faut se garder de *la négligence*, si l'on veut éviter le chagrin et le danger.

VOCABULAIRE 6

Amasser des provisions, c'est réunir une grande quantité de nourriture.

Mélodieusement : doucement, harmonieusement.

En toute affaire : en toute circonstance, tout le temps.

La négligence est le manque d'attention porté aux événements. La cigale a négligé la saison des récoltes.

LE CERF À LA SOURCE ET LE LION

7 Un cerf pressé par la soif arriva près d'*une source*. Après avoir bu, il aperçut son ombre dans l'eau. Il se sentit *fier* de ses cornes, en voyant leur grandeur et leur diversité ; mais il était mécontent de ses jambes, parce qu'elles étaient *grêles* et faibles. Il *était* encore *plongé dans ses pensées*, quand un lion apparut qui le poursuivit. Il prit la fuite, et le devança d'une longue distance ; car la force des cerfs est dans leurs jambes, celle des lions dans leur cœur. Tant que *la plaine* fut *nue*, il maintint l'avance qui le sauvait ; mais étant parvenu à un endroit *boisé*, il arriva que ses cornes se prirent aux branches et que, ne pouvant plus courir, il fut pris par le lion. Sur le point de mourir, il se dit en lui-même : « Malheureux que je suis ! Ce sont mes pieds, qui devaient me trahir, qui me sauvaient ; et ce sont mes cornes, en qui j'avais toute confiance, qui me perdent. »
Certaines choses sont faites pour être belles, d'autres pour être utiles. Il ne faut pas mépriser les unes au profit des autres.

VOCABULAIRE 7

Une source est un lieu où l'eau sort naturellement du sol.

Fier : content, satisfait.

Les jambes du cerf sont **grêles**, c'est-à-dire d'une finesse et d'une longueur un peu excessive.

Être plongé dans ses pensées signifie rêver.

La plaine est une grande étendue plate. Elle s'oppose aux collines et aux montagnes. Une plaine **nue** n'a pas de végétation. À l'inverse, un endroit **boisé** est un lieu garni d'arbres.

Les voyageurs et l'ours

8 Deux amis *cheminaient* sur la même route. Un ours leur apparut soudain. L'un monta vite sur un arbre et s'y tint caché; l'autre, sur le point d'être pris, se laissa tomber sur le sol et *contrefit le mort*. L'ours approcha de lui son museau et le *flaira* partout; mais l'homme retenait sa respiration; car on dit que l'ours ne touche pas à *un cadavre*.

Quand l'ours se fut éloigné, l'homme qui était sur l'arbre descendit et demanda à l'autre ce que l'ours lui avait dit à l'oreille. « De ne plus voyager *à l'avenir* avec des amis qui *se dérobent* dans le danger », répondit l'autre.

Cette fable montre que les amis véritables se reconnaissent à *l'épreuve du malheur*.

VOCABULAIRE 8

Cheminer, c'est marcher d'un pas lent et régulier sur un chemin.

Contrefit le mort : faire semblant d'être mort.

Flairer signifie renifler pour un animal.

Un cadavre est un corps d'homme ou d'animal sans vie, mort.

À l'avenir : dans le futur, plus tard.

Se dérober signifie fuir, ne pas apporter d'aide.

L'épreuve du malheur : les difficultés de la vie.

LE RENARD ET LE BOUC

9 Un renard étant tombé dans un puits se vit forcé d'y rester. Or un bouc pressé par la soif étant venu au même puits, aperçut le renard et lui demanda si l'eau était bonne. Le renard, *faisant contre mauvaise fortune bon cœur*, fit un grand *éloge* de l'eau, affirmant qu'elle était excellente, et il l'engagea à descendre. Le bouc descendit à *l'étourdie*, n'écoutant que son désir. Quand il eut *étanché sa soif*, il se consulta avec le renard sur le moyen de remonter. Le renard prit la parole et dit : « J'ai un moyen, pour peu que tu désires *notre salut commun*. Veuille bien appuyer tes pieds de devant contre le mur et dresser tes cornes en l'air ; je remonterai par là, après quoi je *te reguinderai*, toi aussi. » Le bouc se prêta *avec complaisance* à sa proposition, et le renard, grimpant *lestement* le long des jambes, des épaules et des cornes de son compagnon, se trouva à l'orifice du puits, et aussitôt s'éloigna. Comme le bouc lui reprochait de *violer leurs conventions*, le renard se retourna et dit : « Hé ! camarade, si tu avais autant d'idées que de poils au menton, tu ne serais pas descendu avant d'avoir examiné le moyen de remonter. »
C'est ainsi que les hommes *sensés* ne doivent entreprendre aucune action, avant d'en avoir examiné la fin.

VOCABULAIRE 9

Faire contre mauvaise fortune bon cœur signifie accepter les difficultés.

Faire l'**éloge** de l'eau, c'est dire qu'elle est excellente.

Faire quelque chose **à l'étourdie** signifie le faire sans considérer les conséquences.

Étancher sa soif : boire jusqu'à ne plus avoir soif.

Le salut signifie « être sauvé », **commun** signifie ici « ensemble ».

Reguinder : remonter.

Avec complaisance : de bon cœur.

Le renard grimpa **lestement**, c'est-à-dire avec facilité.

Violer une convention, c'est ne pas respecter un accord, trahir une promesse.

Les hommes **sensés** sont des personnes intelligentes, raisonnables, dotées de bon sens.

Le chien endormi et le loup

10 Un chien dormait devant une ferme. Un loup *fondit* sur lui, et il allait faire de lui son repas, quand le chien le pria de ne pas l'*immoler* tout de suite : « À présent, dit-il, je suis mince et maigre ; mais attends quelque temps : mes maîtres vont *célébrer des noces* ; moi aussi j'y *prendrai de bonnes lippées*, j'engraisserai et je serai pour toi un manger plus agréable. » Le loup le crut et s'en alla. À quelque temps de là il revint, et trouva le chien endormi dans une pièce haute de la maison ; il s'arrêta en bas et l'appela, lui rappelant leurs *conventions*. Alors le chien : « Ô loup, dit-il, si à partir d'aujourd'hui tu me vois dormir devant la ferme, n'attends plus de noces. »
Cette fable montre que les hommes sensés, quand ils se sont tirés d'un danger, s'en gardent toute leur vie.

VOCABULAIRE 10

Le loup **fond** sur le chien, signifie qu'il se précipite sur lui pour l'attaquer.

Immoler : tuer.

Célébrer des noces, c'est faire un grand repas pour fêter un mariage.

Une **« lippée »** est un mot ancien pour dire une « bouchée ». **Prendre de bonnes lippées,** c'est bien manger.

Convention : engagement, arrangement, pacte.

LE JEUNE PRODIGUE ET L'HIRONDELLE

11 Un *jeune prodigue*, ayant mangé *son patrimoine*, ne possédait plus qu'un manteau. Il aperçut une hirondelle qui avait devancé la saison. Croyant le printemps venu, et qu'il n'avait plus besoin de manteau, il s'en alla le vendre aussi. Mais le mauvais temps étant survenu ensuite et *l'atmosphère* étant devenue très froide, il vit, en se promenant, l'hirondelle morte de froid. « Malheureuse, dit-il, *tu nous as perdus*, toi et moi *du même coup*. »
Cette fable montre que tout ce qu'on fait à *contretemps* est *hasardeux*.

VOCABULAIRE 11

Un **jeune prodigue** est une personne jeune qui dépense son argent sans faire attention. C'est un dépensier.

Le **patrimoine** est l'ensemble des richesses qui appartiennent à une personne.

L'atmosphère, c'est l'air qu'on respire.

Dans cette fable, le verbe **« perdre »** prend le sens de « nuire », « ruiner ».

Du même coup : en même temps.

Faire quelque chose **à contretemps**, c'est le faire au mauvais moment.

Hasardeux : dangereux.

LA POULE AUX ŒUFS D'OR

12 Un homme avait une belle poule qui pondait des œufs d'or. Croyant qu'elle avait dans le ventre *une masse* d'or, il la tua et la trouva semblable aux autres poules. Il avait espéré trouver la richesse d'un seul coup, et il s'était privé même du petit profit qu'il tenait.
Cette fable montre qu'il faut *se contenter de ce qu'on a* et éviter l*a cupidité insatiable*.

VOCABULAIRE 12

Une masse est une quantité importante d'une matière, ici c'est de l'or.

Se contenter de ce qu'on a, c'est être satisfait de ce qu'on possède déjà.

La cupidité est un désir démesuré pour l'argent et les richesses. La morale parle de cupidité **insatiable**, c'est-à-dire d'un amour de l'argent qui ne peut pas être rassasié, assouvi.

Le lion et le rat reconnaissant

SEMAINE 7

13 Un lion dormait ; un rat s'en vint trottiner sur son corps. Le lion, se réveillant, le saisit, et il allait le manger, quand le rat le pria de le relâcher, promettant, s'il lui laissait la vie, de le *payer de retour*. Le lion se mit à rire et le laissa aller. Or il arriva que peu de temps après il dut son *salut* à la *reconnaissance* du rat. Des chasseurs en effet le prirent et l'attachèrent à un arbre avec une corde. Alors le rat l'entendant *gémir* accourut, rongea la corde et le délivra. « *Naguère*, dit-il, tu t'es moqué de moi, parce que tu n'attendais pas de retour de ma part ; sache maintenant que chez les rats aussi on trouve de la reconnaissance. »
Cette fable montre que dans les changements de fortune, les gens les plus puissants ont besoin des faibles.

VOCABULAIRE 13

En gardant la vie sauve, le rat a une dette envers le lion. À son tour le rat devra sauver le lion pour le « **payer de retour** », pour s'acquitter de sa dette.

Le salut est le fait d'échapper à un danger, à la mort.

Le lion échappe aux chasseurs grâce à **la reconnaissance** du rat. Le rat remercie le lion de ne pas l'avoir mangé.

Gémir, c'est faire entendre un cri, un son plaintif.

Naguère : il y a peu de temps, récemment.

Le rat des champs et le rat des villes

14 Un rat des champs avait pour ami un rat de maison. Le rat de maison invité par son ami *s'empressa* d'aller dîner à la campagne. Mais comme il n'avait à manger que de l'herbe et du blé, il dit : « Sais-tu bien, mon ami, que tu mènes une vie de fourmi ? Moi, au contraire, j'ai *des biens en abondance*. Viens avec moi, je les *mets tous à ta disposition*. » Ils partirent aussitôt tous les deux. Le rat de maison fit voir à son camarade des légumes et du blé, et avec cela des figues, un fromage, du miel, des fruits. Et celui-ci *émerveillé* le *bénissait* de tout son cœur, et *maudissait* sa propre fortune. Comme ils s'apprêtaient à commencer *le festin*, soudain un homme ouvrit la porte. Effrayés du bruit, nos rats se précipitèrent *peureusement* dans *les fentes*. Puis comme ils revenaient pour prendre des figues sèches, une autre personne vint chercher quelque chose à l'intérieur de la chambre. À sa vue, ils se précipitèrent encore une fois dans un trou pour s'y cacher. Et alors le rat des champs, oubliant la faim, soupira et dit à l'autre : « Adieu, mon ami, tu manges *à satiété* et tu t'en donnes à cœur joie, mais *au prix du danger et de mille craintes*. Moi, pauvret, je vais vivre en grignotant de l'orge et du blé, mais sans craindre ni suspecter personne. »
Cette fable montre qu'il vaut mieux mener une existence simple et paisible que de nager dans les délices en souffrant de la peur.

VOCABULAIRE 14

Le rat de ville **s'empresse** d'aller dîner à la campagne. Il se hâte, il se dépêche de se rendre chez le rat des champs.

Les biens dont parle le rat de ville sont des aliments. Le rat a de quoi manger en grande quantité, **en abondance**.

Mettre à la disposition : prêter.

Le rat des champs est **émerveillé** par le **festin**. Il est ébloui, étonné devant ce repas abondant et délicieux.

Le rat **bénit** son ami de la ville, il le remercie et le félicite. En revanche, il **maudit** sa fortune, il l'a hait, la trouve détestable, car trop misérable. **Bénir** et **maudire** sont des verbes de sens contraires.

Les rat s'enfuient **peureusement** signifie qu'ils ont peur. Ils se cachent dans les **fentes**, c'est-à-dire dans des petites ouvertures dans les murs ou dans le sol.

Manger **à satiété**, c'est manger à sa faim.

C'est **au prix du danger** que le rat de maison peut manger. Il doit endurer la peur de se faire prendre pour pouvoir se rassasier.

« **Mille** » est utilisé en tant que nombre indéterminé, mais considérable. C'est au prix d'innombrables **craintes** que le rat de ville mange à satiété.

Ésope
Traduction d'Émile Chambry
Illustrations de Jean-Noël Rochut

ATELIER THÉÂTRE

La voix - construire une saynète

L'acteur utilise son corps et sa voix pour exercer son art, comme le musicien, son instrument ; ou le peintre, ses pinceaux. Pour respirer et dire son texte, il porte attention à des sensations très fines, à l'intérieur de son corps. Il se laisse ensuite guider par son imagination, pour interpréter n'importe quel personnage... même des animaux.

1. La vocalise des animaux

Le chien

Inspirez par le nez, vos poumons s'emplissent d'air.

Imitez l'aboiement (ouha ouha) en ouvrant grand la bouche, comme le chien.

Observez :

En ouvrant la bouche, on ouvre aussi la gorge, ce qui permet au son de raisonner loin.

La vache

Inspirez par le nez, vos poumons s'emplissent d'air.

Imitez le meuglement (meuh), en faisant durer les sons [mm] et [eu].

Observez :

Votre palais se soulève et votre langue se pose en bas de la bouche, comme quand vous bâillez. Le palais est souple et mobile, il tient un rôle important dans la parole.

Le cheval

Inspirez par le nez, vos poumons s'emplissent d'air.

Imitez le cheval (plllll) lorsqu'il fait trembler ses lèvres.

Observez :

Les lèvres ont de nombreux petits muscles qui doivent être toniques pour une bonne diction. Une bonne diction permet de se faire bien comprendre.

ATELIER THÉÂTRE

L'abeille

Inspirez par le nez, vos poumons s'emplissent d'air.

Imitez le bourdonnement de l'abeille (bzzz).

Observez :

La langue se pose en bas de la bouche et vibre contre les dents pour former les sons.

L'oiseau

Inspirez par le nez, vos poumons s'emplissent d'air.

Imitez le pépiement aigu de l'oiseau (cui cui).

Observez :

La sensation de creux à l'intérieur de votre tête. En haut des joues et au-dessus des sourcils se situent de petites cavités dans lesquelles l'air circule, pour faire résonner les sons.

« Essayez de faire de beaux bruits tous ensemble, plutôt que de grands bruits. Soyez à l'écoute de vos sensations : comme si vous écoutiez ou regardiez à l'intérieur de votre corps. »

2. Improvisation

À deux, choisissez une fable et prenez chacun un rôle. Composez votre personnage en répondant à ces trois questions :

1) Quelle position du corps vais-je choisir pour représenter cet animal (sur mes deux jambes, courbé, à quatre pattes, accroupi...) ?
2) De quelle manière mon personnage se déplace (lente, rapide, par petits bonds, en rampant...) ?
3) Quelle voix vais-je donner à mon personnage (douce, aiguë, rauque...) ?

Jouez maintenant le déroulement de la fable avec votre partenaire, en utilisant vos propres mots.

« Garde la position du corps, la voix et la démarche que tu as inventées, du début à la fin de ta présentation. »

SEMAINE 1

1 **Questions de compréhension** page 66

1- Pourquoi le vieux laboureur fait-il venir ses enfants auprès de lui ? Quel conseil leur donne-t-il ? Que comprennent-ils ?

2- Que font les enfants pour trouver le trésor ? Le trouvent-ils ? Que se passe-t-il ?

3- En réalité, quel trésor le laboureur voulait-il leur faire découvrir ? Pourquoi le travail est-il un trésor ? Après avoir beaucoup travaillé, avez-vous déjà mieux réussi ?

4- Lisez la fable, *Le laboureur et ses enfants*, écrite par Jean de La Fontaine. Comparez ces deux fables (rime/prose ; longueur ; histoire ; morale ; difficultés).

Construire une phrase

1- Complétez par un des noms-sujets qui seront ainsi placés après le verbe :
trésor – vigne – ses enfants – sol.
Tout autour du laboureur se pressent .... .
Les enfants pensent comprendre ce que cache la .... .
Ils cherchent où peut se cacher le .... .
Ce n'est pas de l'or que cache le ... de la vigne.

2- Transcrire les phrases en mettant le groupe sujet après le verbe.
Exemple : *Sur les arbrisseaux, mûrissent les grappes* .... .
Sur les arbrisseaux, les grappes de raisin mûrissent.
Dans la vigne, de nombreux vendangeurs travaillent.
Dans les rangs de vignes, les raisins mûrs sont coupés.
À l'intérieur d'un panier, les grappes coupées sont déposées.

2 **Questions de compréhension** page 67

1- Quels sont les deux personnages de la fable ? Que font-ils ?

2- Dans cette fable, lequel de ces deux animaux a le plus de mérite ? Pourquoi ? Quelles qualités ont permis à la tortue de gagner et quels défauts ont fait perdre le lièvre ?

3- Expliquez avec vos propres mots la morale de cette fable. Dans la vie, qu'est-ce qui est le plus important : avoir des facilités ou faire des efforts ?

4- Dans les matières qui vous semblent faciles, pourquoi est-il important de faire des efforts ?

5- Connaissez-vous le titre de la fable de Jean de La Fontaine ?

Composer un petit texte

1- Après avoir bien compris la morale de la fable *La tortue et le lièvre*, réécrivez-la avec vos propres mots.

2- Voici un résumé de la fable d'Ésope, complétez-le avec les noms, pronoms ou groupes nominaux suivants :
Le lièvre – Elle – Il – La tortue – Le lièvre et la tortue.
... décident de comparer leur vitesse. ... est sûr de lui, ... laisse partir la tortue loin devant et se repose. ... fait tellement d'efforts qu'... arrive la première.

SEMAINE 2

3 **Questions de compréhension** page 68

1- Comment le renard s'y prend-il pour se rendre maître de la viande du corbeau ? Pourquoi le corbeau lâche-t-il la viande ?

2- Expliquez le conseil du renard : « Ô corbeau, si tu avais aussi du jugement, il ne te manquerait rien pour devenir le roi des oiseaux. »

3- Dans la fable de Jean de La Fontaine, qu'est-ce que le renard vole au corbeau ?

4- Pourquoi faut-il se méfier des personnes qui essaient de vous flatter ? Sont-elles sincères ?

5- Avez-vous déjà fait des compliments ou dit des gentillesses pour obtenir un cadeau ? Racontez.

Construire une phrase

1- En ajoutant un **adjectif qualificatif**, donnez aux animaux la qualité qui leur convient.

Exemple : La cigale et la fourmi > La cigale *insouciante* et la fourmi *prévoyante*

– Le laboureur et ses enfants – La Tortue et le lièvre – Le corbeau et le renard

2- Transformez les phrases en mettant en tête les **adjectifs** (supprimez le pronom « il »).

Exemple : Le corbeau était *voleur* et *gourmand* ; il vola un morceau de viande.

Voleur et gourmand, le corbeau vola un morceau de viande.

Le renard était *rusé* et *envieux* ; il flatta les proportions élégantes du corbeau.

Le corbeau était *flatté* et *radieux* ; il laissa tomber sa proie.

Le corbeau était *honteux* et *confus* ; il jura qu'on ne l'y prendrait plus.

4 **Questions de compréhension** page 69

1- Quelle est l'intention du loup ? Comment s'y prend-il ?

2- Relevez les accusations du loup. Comment l'agneau se justifie-t-il face à ces menaces ?

3- Expliquez ce passage : « la plus juste défense reste sans effet ». Reformulez la morale avec vos propres mots.

4- Voici la morale de la fable *Le loup et l'agneau* de Jean de la Fontaine : « La raison du plus fort est toujours la meilleure. » Trouvez-vous juste que le plus fort physiquement soit celui qui ait raison ? Est-ce que les règlements et les lois sont d'accord avec cela ? Qui protègent-ils ?

Composer un petit texte

1- À l'aide de la fable, écrivez le dialogue entre le loup et l'agneau.

Un loup voit un agneau. Il décide de trouver un prétexte pour le manger.

– Tu troubles mon eau et … , dit le loup.

– Je … et je … car je suis en aval, répond l'agneau.

– … , reprend le loup. – … , répond l'agneau. – … , reprend le loup.

2- Après correction de votre dialogue, réécrivez-le proprement en y ajoutant des adjectifs pour qualifier le loup et l'agneau.

(affamé – accusateur – apeuré – vilain – méchant – terrifié – féroce – cruel – malfaisant – épouvanté – terrorisé – effrayé)

Exemple : *Tu troubles mon eau et tu m'empêches de boire, dit le loup accusateur.*

SEMAINE 3

5 **Questions de compréhension** page 70

1- Pourquoi l'escarbot est-il étonné ?

2- De quoi se nourrissent les escarbots ?

3- Expliquez cette phrase : « L'escarbot affamé vint demander à la fourmi l'aumône de quelque aliment. »

4- À l'aide de vos connaissances, donnez des exemples de « temps qui viennent à changer ». Expliquez la morale avec vos propres mots.

5- Jean de la Fontaine s'est inspiré de cette fable pour en écrire une autre. Connaissez-vous le titre de la fable de La Fontaine ?

Construire une phrase

1- Complétez par **l'adjectif** fière ou par le nom fierté.

La fourmi était … de sa récolte.
Quelle … de voir le résultat de son travail.
Travailler tout l'été pour être à l'abri du besoin la rendait … .
Quelle n'était pas sa … de subvenir à ses besoins.

2- Transformez chaque adjectif en nom.

Exemple : *Un chien sage > La sagesse du chien.*

Une saison sèche : La … de la saison.
Un lièvre rapide : La … du lièvre.
Un agneau courageux : Le … de l'agneau.
Un escarbot paresseux : La … de l'escarbot.
Un loup affamé : la … du loup.
Un renard rusé : La … du renard.

6 **Questions de compréhension** page 71

1- En vous aidant de la fable *La Fourmi et l'Escarbot* d'Ésope, dites à quelles céréales appartiennent les grains récoltés par les fourmis.

2- « Une cigale qui avait faim leur demanda de quoi manger. » Retrouvez la phrase de même sens dans la fable précédente.

3- Pourquoi les fourmis rirent-elle au nez de la cigale ?

4-Quel est le défaut des fourmis ? Que devraient-elles faire pour aider la cigale ? Quel est le nom de cette qualité ?

5- Quel est le défaut de la cigale ? Comment pourrait-elle se corriger ? Que fera-t-elle l'année prochaine si elle ne veut pas mourir de faim et dépendre des autres ?

Composer un petit texte

1- En répondant aux questions, racontez l'histoire de la cigale et des fourmis.

Aidez-vous des verbes et des temps utilisés dans les fables 5 et 6.

Durant l'été, … (que faisaient les fourmis ?)
Pendant ce temps, … (que faisait la cigale ?)
Quand l'hiver arriva, … (que demanda la cigale aux fourmis ?)
Mais les fourmis, trouvant la cigale trop paresseuse, lui dirent : « … ».

2- Après correction de votre histoire, réécrivez-la proprement en y ajoutant des adjectifs pour qualifier les fourmis et la cigale. (affamée – consciencieuse – travailleuse – négligente – laborieuse – paresseuse – courageuse - fainéante…).

SEMAINE 4

7 Questions de compréhension

page 72

1- Décrivez le cerf en utilisant de nombreux adjectifs qualificatifs.

2- Pourquoi ses belles cornes ont-elles trahi le cerf ?

3- En vous aidant de la morale de la fable *Le Cerf se voyant dans l'eau* de Jean de La Fontaine, expliquez avec vos propres mots ce que vous comprenez de cette morale.

« Nous faisons cas du beau, nous méprisons l'utile ;
Et le beau souvent nous détruit.
Ce cerf blâme ses pieds qui le rendent agile ;
Il estime un bois qui lui nuit. »

Construire une phrase

1- « **Pendant que le cerf s'admirait, le lion s'approchait**. »
Sur ce modèle, construisez des phrases à **l'imparfait** avec les éléments suivants :

Le cerf se débat, le lion le dévore
La fourmi récolte, la cigale chante
La tortue court, le lièvre dort
La fourmi travaille, l'escarbot prend du bon temps

Exemple : *Pendant que le cerf se débattait, le lion…*

2- Copiez cette phrase : **Plus le lièvre dormait, plus la tortue avançait**.
À l'aide des groupes de mots suivants, construisez sur ce modèle des phrases à **l'imparfait** :
Exemple : *Plus le renard flattait, plus…*

Le renard flatte, le corbeau écoute
La route est longue, la tortue avance
La fourmi travaille, elle récolte
Les laboureurs cherchent, ils travaillent

8 Questions de compréhension

page 73

1- Comment chaque voyageur réagit-il à la vue de l'ours ?

2- Pourquoi le voyageur fait-il le mort ?

3- Quel avertissement le voyageur fait-il à son ami ?

4- Expliquez ce que l'auteur veut dire par :
« les amis véritables se reconnaissent à l'épreuve du malheur ». Qu'en pensez-vous ?

Composer un petit texte

1- Remplacez les mots en italique par des **synonymes**.
Deux amis *cheminaient* sur la même *route*.
À la vue d'un ours, l'un *monta* sur un arbre ; l'autre *contrefit* le mort.
Les ours ne touchent pas les *cadavres*.
Les *véritables* amis se reconnaissent dans le danger.

2- **Décrivez** en 4 ou 5 phrases la scène jusqu'au départ de l'ours. Utilisez le présent et faites des phrases courtes.

Il y a deux …
L'un … tandis que l'autre …
Tout d'un coup, …
L'ours … , puis ...

SEMAINE 5

9 **Questions de compréhension** page 74

1- Pourquoi le bouc se retrouve-t-il lui aussi au fond du puits ?

2- Quel pacte les deux personnages ont-ils fait ? Citez une phrase qui montre que le bouc a été trahi.

3- Quel reproche le renard fait-il au bouc ? De quoi manque-t-il ?

4- Quels traits de caractère pouvez-vous donner au renard. Connaissez-vous d'autres fables ou histoires avec un renard ? Quels traits de caractère a le renard, en général ?

5- Expliquez avec vos propres mots la morale de cette fable. Avez-vous déjà fait quelque chose sans réfléchir aux conséquences ?

Construire une phrase

1- « **Excellente eau, disait le renard, ce serait dommage de s'en passer.** » Construisez des phrases en vous inspirant du modèle ci-dessous :

Exemple : *d'une lente tortue (j'ai le temps de me reposer)*

– d'un trésor enfoui (la vigne en garde le secret)

– d'une cigale paresseuse (elle se retrouve affamée) : c'est la fourmi qui parle.

– d'un ami lâche (il se dérobe devant le danger)

– d'un talent négligé (le travail l'emporte sur les dons naturels.)

2- « L'eau est si excellente, disait le renard, que ce serait dommage de s'en passer. » Construisez des phrases semblables à l'aide de l'exercice 1.

Exemple : *Le talent est si négligé, disait la morale, que le travail* ... .

10 **Questions de compréhension** page 75

1- Quelle est la première volonté du loup ? Pourquoi le loup part-il finalement ?

2- Quelle est la ruse du chien ?

3- Que signifie selon vous la morale de la fable : « Les hommes sensés, quand ils se sont tirés d'un danger, s'en gardent toute leur vie. » Qu'en pensez-vous ? Avez-vous des exemples de votre propre vie qui illustreraient cette morale ?

Composer un petit texte

1- Écrivez les phrases d'une façon différente en changeant la place des groupes de mots :

Un chien / dormait / devant une ferme.

Bientôt / mes maîtres / vont / célébrer des noces.

Le loup / trouva / le chien endormi / dans une pièce haute de la maison.

Ô loup / à partir d'aujourd'hui / si tu me vois dormir / devant la ferme / n'attends plus de noce.

2- « Le loup s'en alla. » Lisez puis écrivez de mémoire les phrases qui disent pourquoi.

SEMAINE 6

11 **Questions de compréhension** page 76

1- Pourquoi le jeune homme ne possède-t-il plus qu'un manteau ?

2- Qu'est-ce qu'annonce une hirondelle ? Que fait le jeune homme à la vue de l'hirondelle ? Est-ce une bonne idée ?

3- Que fera sans doute le jeune homme avec l'argent du manteau ?

4- Expliquez les paroles du jeune homme : « Malheureuse, dit-il, tu nous as perdus, toi et moi du même coup. »

Construire une phrase

1- Lisez et copiez la phrase suivante et la remarque qui l'accompagne :

La cigale n'a plus ni mouche ni vermisseau.

Le verbe est à la forme négative ;
On répète ni (ni… ni…).

2- Rapprochez les noms de gauche de ceux de droite pour construire des phrases imitant la phrase de l'exercice 1.

Exemple : *Le jeune prodigue n'**a plus ni** manteau **ni**…*

Le jeune prodigue	manteau, argent
Maître corbeau	viande, fromage
L'escarbot paresseux	blé, orge
La vigne	terre à retourner, trésor

12 **Questions de compréhension** page 76

1- Quel petit profit l'homme avait-il ?

2- Pourquoi l'homme a-t-il tué la poule, plutôt que de récolter chaque jour les œufs d'or ?

3- Voici la fable *La Poule aux œufs d'or* écrite par Jean de La Fontaine, retrouvez dans les deux fables la morale, reformulez-les avec vos propres mots.

« L'avarice perd tout en voulant tout gagner.
Je ne veux, pour le témoigner,
Que celui dont la Poule, à ce que dit la Fable,
Pondait tous les jours un œuf d'or.
Il crut que dans son corps elle avait un trésor.
Il la tua, l'ouvrit, et la trouva semblable
À celles dont les œufs ne lui rapportaient rien,
S'étant lui-même ôté le plus beau de son bien.
Belle leçon pour les gens chiches :
Pendant ces derniers temps, combien en a-t-on vus
Qui du soir au matin sont pauvres devenus
Pour vouloir trop tôt être riches ? »

Composer un petit texte

1- À l'aide des deux fables d'Ésope et La Fontaine, réécrivez *La Poule aux œufs d'or* avec vos propres mots.
(Il était une fois…)
(Que fait-il ? Pourquoi ? Malheureusement la poule est semblable…)

2- Relisez votre rédaction en vérifiant que :
– Vous avez fait des phrases courtes ;
– Vous avez marqué la ponctuation ;
– Votre texte a du sens ;
– Vous avez orthographié correctement les mots connus ;
– Vous avez marqué les accords sujet-verbe, nom-adjectif.

SEMAINE 7

13 Questions de compréhension

page 77

1- Pourquoi le lion se met-il à rire ?

2- Pourquoi le rat vient-il en aide au lion ?

3- Quel animal représente les gens puissants et lequel représente les gens faibles, dans la fable ?

4- « On a souvent besoin d'un plus petit que soi », disait La Fontaine en reprenant cette fable. Donnez des exemples de situations où l'on peut avoir « besoin d'un plus petit que soi ».

Construire une phrase

1- Copiez ces phrases en soulignant les sujets. En vous aidant de vos connaissances sur les fables, ajoutez à chaque sujet, un adjectif qualificatif approprié.

Le laboureur donna sa vigne à ses enfants.
Le renard flatta le corbeau pour lui voler sa viande.
L'escarbot alla crier famine chez la fourmi sa voisine.
Un homme s'en alla vendre son manteau croyant le printemps arrivé.
Un homme tua sa poule aux œufs d'or.
Un loup dévora un agneau.
Le rat sauva le lion.
La tortue gagna la course contre le lièvre.

14 Questions de compréhension

page 78

1- Expliquez en quoi le rat des champs mène « une vie de fourmi ».

2- Pourquoi le rat des champs maudit-il sa fortune ?

3- Finalement, pourquoi le rat des champs rentre-t-il chez lui ?

4- Qu'est-ce qu'une « existence simple » ? Expliquez cette phrase : « Moi, pauvret, je vais vivre en grignotant de l'orge et du blé, mais sans craindre ni suspecter personne. »

Composer un petit texte

1- À l'aide de vos connaissances acquises durant cette période, **expliquez** en un paragraphe ce qu'est une fable. (histoire, morale, nombre de personnages, types de personnages, rime ou prose)

Une fable est…

2- Résumez la fable *Le rat des champs et le rat de ville*. Faites des phrases courtes sans oublier la ponctuation.

Où le rat de ville est-il invité ? Que découvre-t-il sur la vie de son ami ?
Pourquoi le rat de ville invite-t-il son ami chez lui ? Que lui promet-il ?
Que découvre le rat des champs chez son ami ? Peuvent-il manger tranquillement ?
Que préfère faire le rat des champs ? Pourquoi ?

CARLO COLLODI

PINOCCHIO

Traduit de l'italien par Anna Ricci - Illustrations de Carole Gourrat

Comment maître Cerise, menuisier, trouva un morceau de bois qui pleurait et riait comme un petit garçon.

1 Il était une fois...

— Un roi ! s'écrient aussitôt mes petits lecteurs.

— Non, les enfants, vous vous trompez. Il était une fois un morceau de bois. Ce n'était pas un bois de *luxe*, mais une bûche ordinaire, comme celles qu'on met, en hiver, dans les *poêles* et les cheminées pour faire flamber le feu et réchauffer la maison.

Comment, je l'ignore, mais un beau jour, ce morceau de bois arriva dans l'atelier d'un vieux *menuisier* qui s'appelait maître Antonio, et que tout le monde surnommait maître Cerise, car le bout de son nez était luisant et rouge comme une cerise mûre.

À la vue de ce morceau de bois, maître Cerise devint tout joyeux : il marmonna en se frottant les mains de satisfaction :

— Ce morceau de bois tombe à pic ! Je vais en faire un pied de table.

Sitôt dit, sitôt fait : il prit sa hache *affûtée* pour en ôter l'écorce et le *dégrossir*. Comme il allait donner le premier coup, son bras resta suspendu en l'air, car il entendit une petite voix *implorante* qui disait :

— Ne me frappe pas trop fort !

Imaginez un peu la réaction du *brave* maître Cerise !

Il roula des yeux épouvantés tout autour de l'atelier, en cherchant d'où pouvait sortir cette petite voix, et il ne vit personne ! Il regarda sous l'*établi* : personne ; dans une armoire qui restait toujours fermée : personne; dans la boîte de *copeaux* et de *sciure* : personne ; il ouvrit la porte de l'atelier pour jeter aussi un coup d'œil dans la rue : personne. Mais alors... ?

— Je comprends, dit-il en riant et en grattant sa perruque, c'est moi qui ai imaginé cette petite voix, c'est évident. Remettons-nous au travail.

VOCABULAIRE 1

Le luxe regroupe tout ce qui est coûteux, raffiné et somptueux. Ce bois est ordinaire.

Un poêle, tout comme une cheminée, permet de chauffer une pièce en y faisant du feu.

Un menuisier est un artisan qui fabrique des ouvrages en bois.

Lorsqu'une hache est **affûtée**, elle est particulièrement tranchante, coupante.

Dégrossir est le premier travail du sculpteur. Il doit enlever de la matière, ici du bois, pour se rapprocher de la forme voulue. Ensuite, il sculptera son bois avec précision.

Une petite voix **implorante** signifie qu'elle appelle de toutes ses forces.

Brave : courageux.

Un établi est une table utilisée pour le travail du bois.

Les copeaux de bois sont des petits morceaux de bois détachés par un outil. **La sciure** est la poussière qui tombe du bois lorsqu'on le scie.

2 Et, reprenant sa hache, il abattit un grand coup *magistral* sur le morceau de bois.

— Aïe ! Tu m'as fait mal ! se plaignit la même petite voix.

Cette fois, maître Cerise resta *ébahi* : les yeux *exorbités* de peur, la bouche grande ouverte, la langue pendante jusqu'au menton, on aurait dit un masque de carnaval.

Dès qu'il redevint capable de parler, il *balbutia* en tremblant de frayeur :

— Mais d'où est-elle sortie, cette petite voix qui a dit : « Aïe ! » ? *Il n'y a pas âme qui vive*, ici ! Est-ce que, par hasard, ce morceau de bois aurait appris à pleurer et à *se lamenter* comme un petit enfant ? Ou alors..., quelqu'un se serait caché dedans ? Si quelqu'un s'est caché dedans, tant pis pour lui ! Je vais lui montrer un peu, moi !

Et, en parlant ainsi, il *empoigna* le malheureux morceau de bois, et le cogna sans pitié contre les murs de la pièce.
Ensuite, il tendit l'oreille, pour voir si une petite voix se plaignait. Il attendit deux minutes : rien ; cinq minutes : rien ; dix minutes : toujours rien !
— Je comprends, dit-il alors avec un rire forcé, en *ébouriffant* sa perruque. C'est moi qui l'ai imaginée, cette petite voix qui a dit : « Aïe ! » Remettons-nous au travail.
Et, comme une grande peur s'était emparée de lui, il essaya de *fredonner* pour se donner un peu de courage.
Ayant posé sa hache à l'écart, il prit son *rabot* pour dégrossir le morceau de bois. Mais, pendant qu'il passait et repassait son rabot, la même petite voix dit en riant :
— Arrête ! Tu me chatouilles partout !
Cette fois, le pauvre maître Cerise s'écroula, comme frappé par la foudre. Quand il rouvrit les yeux, il se retrouva assis par terre.
Son visage semblait *halluciné*. Quant au bout de son nez, rouge violacé d'habitude, la peur l'avait rendu tout bleu.

VOCABULAIRE 2

Un coup réalisé avec précision et force est un coup **magistral**.

Ébahi : étonné

On dit que des yeux sont **exorbités** quand ils semblent sortir des orbites. C'est une expression pour montrer que la peur se lit sur le visage de Maître Cerise.

Balbutier, c'est parler avec hésitation, difficulté.

L'expression « **il n'y a pas âme qui vive** » signifie qu'il n'y a personne.

Se lamenter signifie se plaindre avec des gémissements et des pleurs.

Maître Cerise **empoigne** le morceau de bois, signifie qu'il le prend et le serre fortement avec sa main.

Ébouriffer, c'est passer sa main dans ses cheveux et ainsi les désordonner. Maître Cerise, qui est chauve, ébouriffe les cheveux de sa perruque.

Fredonner : chanter une chanson à mi-voix sans articuler les paroles.

Le rabot est un outil tranchant pour travailler le bois.

Son visage semblait **halluciné**, comme s'il avait une hallucination. Une hallucination est la vision d'un objet non réel.

Maître Cerise offre le morceau de bois à son ami Geppetto, qui le prend pour fabriquer un pantin extraordinaire, qui sache danser, tirer l'épée et faire des sauts périlleux.

3 À ce moment-là, on frappa à la porte.

— Vous pouvez entrer, dit le menuisier, sans avoir la force de se remettre debout.

Alors, un petit vieux très *alerte* entra dans l'atelier. Il s'appelait Geppetto. Mais, pour le *faire enrager*, les enfants du voisinage le surnommaient Polenta, à cause de sa perruque jaune qui ressemblait à une platée de semoule de maïs. Geppetto était très *coléreux*. Gare à qui l'appelait Polenta ! Il se fâchait tout rouge, et il n'y avait plus moyen de l'arrêter.

— Bonjour, maître Antonio ! dit Geppetto. Qu'est-ce que vous faites par terre ?

— J'apprends l'alphabet aux fourmis.

— *Grand bien vous fasse* !

— Qu'est-ce qui vous amène, compère Geppetto ?

— Mes jambes. Sachez, maître Antonio, que je suis venu vous *demander une faveur*.

— Me voici tout à votre service, répondit le menuisier en se relevant sur les genoux.

— Ce matin, une idée *a jailli* dans mon cerveau.

— Je vous écoute.

— J'ai pensé me fabriquer un beau pantin en bois. Mais attention, un pantin extraordinaire, qui sache danser, tirer l'épée et faire des sauts périlleux. Je veux *courir le monde* avec ce pantin, pour gagner mon *quignon de pain* et mon verre de vin. Qu'est-ce que vous en dites ?

— Bravo, Polenta ! cria la petite voix qui sortait on ne sait d'où.

En s'entendant appeler Polenta, Geppetto devint aussi rouge qu'un poivron.

Se tournant vers le menuisier, il lui dit, fou de rage :
— Pourquoi m'insultez-vous ?
— Comment ça, je vous insulte ?
— Vous m'avez traité de Polenta !
— Ce n'est pas moi.
— Dites que c'est moi, pendant qu'on y est ! Moi, je dis que c'est vous.
— Non !
— Si !
— Non !
— Si.
S'échauffant ainsi de plus en plus, des mots ils en vinrent aux mains, et, s'empoignant l'un l'autre, ils se griffèrent, se mordirent et se houspillèrent.

VOCABULAIRE 3

Quelqu'un qui est **alerte** a des mouvements rapides et aisés. On parle ici d'un vieux monsieur alerte, ce qui montre que son âge ne l'empêche pas d'être encore en forme physiquement.

Faire enrager quelqu'un, c'est le taquiner.

Geppetto est **coléreux**, c'est-à-dire qu'il se met facilement en colère.

L'expression **« Grand bien vous fasse »** est une formule de politesse ironique. L'ironie est une manière de se moquer sans le dire directement, mais en jouant avec les mots.

Demander une faveur signifie demander un service.

Une idée qui **jaillit** est une idée que l'on trouve soudainement.

Courir le monde, c'est voyager à travers le monde.

Un quignon de pain est un morceau de pain avec beaucoup de croûte.

S'échauffant : s'énervant.

4 La bagarre terminée, maître Antonio se retrouva avec la perruque jaune de Geppetto dans les mains, et Geppetto s'aperçut qu'il avait entre les dents la perruque poivre et sel du menuisier.
— Rends-moi ma perruque ! cria maître Antonio.
— Et toi, rends-moi la mienne, et *refaisons la paix*.
Chacun ayant repris sa perruque, ils se serrèrent la main et jurèrent de rester bons amis toute la vie.
— Alors, compère Geppetto, dit le menuisier, quel service puis-je vous rendre ?

— Je voudrais un peu de bois pour fabriquer mon pantin. Vous en avez ?
Tout content, maître Antonio prit bien vite sur son établi le morceau de bois qui lui avait *causé* tant de frayeur. Mais, comme il le tendait à son ami, le bout de bois donna une forte secousse et, lui échappant des mains, alla cogner avec violence les *tibias maigrichons* du pauvre Geppetto.
— Ah, c'est comme ça que vous faites cadeau de votre bois, maître Antonio ? Bravo ! Vous m'avez à moitié *estropié* !
— Je vous jure que ce n'est pas moi !
— Donc, c'est moi !
— C'est entièrement la faute de ce morceau de bois...
— Ça, je sais ! Mais c'est vous qui me l'avez *expédié* dans les jambes !
— Je ne vous l'ai pas expédié !
— Menteur !
— Geppetto, ne m'insultez pas. Sinon, je vous appelle Polenta !
— *Âne bâté* !
— *Polenta* !
— *Bourricot* !
— Polenta !
— *Face de singe* !
Au troisième « Polenta », Geppetto vit rouge : il se jeta sur le menuisier, et ils se *flanquèrent* une belle *raclée*.
À la fin de la bagarre, maître Antonio avait deux égratignures de plus sur le nez, et Geppetto, deux boutons de moins à son gilet. Ayant ainsi *réglé leurs comptes*, ils se serrèrent la main et jurèrent de rester bons amis toute la vie.
Geppetto prit son beau morceau de bois et, après avoir remercié maître Antonio, il rentra chez lui en boitant.

VOCABULAIRE 4

Faire la paix, c'est se dire pardon.

Le tibia est un os de la jambe. Les tibias de Geppetto sont **maigrichons**, par cette expression familière, l'auteur veut dire que le vieil homme a des jambes très maigres.

Être estropié, c'est être privé de l'usage d'un membre, ici la jambe.

Expédier : envoyer.

« **Âne bâté** ! », « **Polenta** ! », « **Bourricot** ! », « **Face de singe** ! » sont des insultes.

Flanquer est un verbe familier qui signifie donner, appliquer fortement. Ici ils se donnent des **raclées**, des gifles.

Maître Cerise et Geppetto ont **réglé leurs comptes**, ils ont donc résolu leurs problèmes.

Semaine 3

Rentré chez lui, Geppetto se met aussitôt à fabriquer son pantin et lui donne le nom de Pinocchio. Premières ***espiègleries*** *du pantin.*

5 La maison de Geppetto était une petite pièce sur rue, qui tirait sa lumière d'une *soupente.* Le *mobilier* était très simple : une chaise *bancale,* un lit pas très bon et une petite table tout abîmée. Sur le mur du fond, on voyait une cheminée avec un feu allumé. Mais le feu était peint ; et, au-dessus, une bouilloire, peinte aussi, bouillait joyeusement, en envoyant un nuage de fumée plus vrai que vrai.

À peine entré chez lui, Geppetto prit vite ses outils et commença à *sculpter* et à *façonner* son pantin.

« Quel nom vais-je lui donner ? murmura-t-il. Je vais l'appeler Pinocchio. C'est un nom qui lui portera chance ! J'ai connu toute une famille de Pinocchi : Pinocchio le père, Pinocchia la mère, et Pinocchi les enfants, et ils *se la coulaient douce.* Le plus riche était *mendiant.* »

Quand il eut trouvé le nom de son pantin, il se mit pour de bon au travail : il lui fit d'abord des cheveux, ensuite un front, et puis des yeux.

Imaginez sa *stupeur* quand il s'aperçut que ces yeux bougeaient, puis le fixaient. En voyant que ces yeux de bois l'observaient, Geppetto *le prit de travers* et dit d'un ton *irrité* :

— Vilains yeux en bois, pourquoi me regardez-vous ?

Nul ne répondit.

Alors, il fit le nez ; mais, aussitôt, le nez se mit à pousser : il s'allongea, s'allongea, s'allongea, et, en quelques minutes, devint un nez interminable.

Le pauvre Geppetto *s'évertua* à le raccourcir : mais, plus il sculptait et coupait, et plus ce nez *insolent* s'allongeait !

Après le nez, il sculpta la bouche.

Avant d'être finie, cette bouche se mit à rire et à se moquer de lui.

— Arrête de rire ! dit Geppetto, vexé.

Mais autant *souffler dans un violon.*

VOCABULAIRE 5

Des espiègleries : des farces.

Une soupente est un petit endroit sous la pente d'un escalier ou d'un toit. Ici de la lumière vient de la soupente, il s'agit d'une fenêtre construite dans le toit.

Le mobilier est l'ensemble des meubles de la maison.

Une chaise **bancale** a un pied plus court que les autres. La chaise n'est donc pas stable.

Sculpter, c'est tailler le bois. On peut aussi sculpter de la pierre, du marbre…

Façonner, c'est donner à une matière, ici le bois, une forme particulière.

Se la couler douce signifie ne rien faire.

Un mendiant est une personne qui demande l'aumône, la charité.

La stupeur est un grand étonnement qui laisse sans voix, sans réaction.

Prendre quelque chose de travers, c'est le prendre mal et être fâché.

Irriter : énerver.

Nul : personne.

S'évertuer, c'est prendre beaucoup de peine pour faire quelque chose, faire de gros efforts.

Le nez, en s'allongeant, manifeste un manque de respect, il est **insolent**.

L'expression « **Souffler dans un violon** » signifie faire quelque chose d'inefficace, d'inutile. Souffler dans certains instruments est nécessaire pour émettre un son. En revanche, impossible de faire de la musique en soufflant dans un instrument à corde, comme le violon.

6 — Arrête de rire, je te dis ! *tonna*-t-il d'une voix *menaçante.*

Alors, la bouche *cessa* de rire. Mais elle tira tout grand la langue.

Pour être tranquille, Geppetto *feignit* de ne rien voir, et continua à travailler : il fit le menton, le cou, puis les épaules, le *torse*, les bras et les mains.

Les mains à peine finies, Geppetto sentit qu'on lui ôtait sa perruque jaune. Il se retourna, et que vit-il ? Sa perruque jaune dans les mains du pantin.

— Pinocchio ! Rends-moi ma perruque !

Au lieu de rendre la perruque, Pinocchio la mit sur sa tête, et faillit étouffer dessous.

À cette insolence *comique*, Geppetto devint triste et *mélancolique*, et il dit à Pinocchio :

— Coquin ! Tu n'es même pas fini, et déjà tu *manques de respect* à ton père ! Ah, c'est mal, mon fils, c'est mal !

Et il essuya une larme.

Il lui restait encore à faire les jambes et les pieds.

Les pieds finis, Geppetto reçut un coup de talon dans le nez.

— Je l'ai mérité ! dit-il. J'aurais dû réfléchir d'abord ! Maintenant, c'est trop tard !

Puis il saisit le pantin sous les *aisselles*, et le posa à terre pour le faire marcher. Pinocchio avait les jambes *engourdies* et il ne savait pas bouger. Geppetto le mena par la main, pour lui apprendre à faire un pas après l'autre.
Quand il eut dérouillé ses jambes, Pinocchio commença à marcher tout seul, à courir à travers la pièce et, bientôt, ayant franchi le seuil de la maison, il bondit sur la route et *détala*.
Le pauvre Geppetto lui courut après sans arriver à le rattraper ! Car ce malin de Pinocchio bondissait comme un lièvre, en faisant claquer ses pieds en bois sur les pavés.
— Attrapez-le ! Attrapez-le ! hurlait Geppetto.

VOCABULAIRE 6

Tonner, c'est protester, s'emporter violemment contre quelque chose ou quelqu'un.

Une voix **menaçante** exprime une menace. Menacer, c'est chercher à intimider quelqu'un en lui faisant craindre quelque chose.

Cesser : arrêter.

Il **feignit**, du verbe « feindre », signifie faire semblant.

Le torse est le haut du buste (épaules, thorax et haut du ventre).

Quelque chose qui fait rire est **comique**.

Être mélancolique signifie éprouver une vague tristesse.

Manquer de respect à quelqu'un, c'est être impoli envers lui.

Aisselles : petits creux sous les bras.

Des jambes **engourdies** semblent lourdes et difficiles à bouger.

Détaler est un verbe familier qui signifie s'enfuir, s'en aller au plus vite.

7 Mais, en voyant ce pantin en bois qui *cavalcadait* comme un cheval, les passants s'arrêtaient pour le regarder, comme *ensorcelés*, et riaient d'une manière *inimaginable*.

Enfin, par chance, un carabinier entendit tout ce *tapage*, et crut qu'un poulain avait *faussé compagnie* à son maître. Il se planta courageusement au beau milieu de la rue, jambes écartées, bien décidé à l'arrêter.

En apercevant de loin le *carabinier* qui lui barrait la route, Pinocchio tenta de passer entre ses jambes par surprise, mais ce fut un *fiasco*.

Sans bouger d'un poil, le carabinier l'attrapa bien comme il faut par le nez, et le remit à Geppetto ; pour le punir, celui-ci voulut lui tirer les oreilles. Imaginez sa tête quand il chercha les oreilles, et ne les trouva pas ! Savez-vous pourquoi ? Il avait été si pressé de le sculpter qu'il avait oublié de les faire.

Alors, il le saisit par le cou, et le ramena en hochant la tête d'un air mauvais.

— Nous rentrons immédiatement à la maison. Mais *tu ne perds rien pour attendre*, crois-moi ; une fois là-bas, nous réglerons nos comptes !

À cette menace, Pinocchio se jeta à terre et refusa d'avancer. Entre-temps, les curieux et les *badauds* commencèrent à s'attrouper tout autour.

— Pauvre pantin ! soupiraient les uns. Il a raison de ne pas vouloir rentrer ! Ce voyou de Geppetto est capable de lui flanquer une raclée !

Et les autres faisaient remarquer méchamment :

— Geppetto a l'air d'un homme de bien, mais c'est un véritable *tyran* ! Si on laisse ce pauvre pantin entre ses mains, il est capable de le réduire en miettes !

Bref, ils dirent tant et si bien que le carabinier libéra Pinocchio, et mena en prison le pauvre Geppetto. Celui-ci pleurait comme un veau, et, en route vers la prison, il bredouillait entre deux sanglots :

— Misérable fils ! Quand je pense au mal que je me suis donné pour en faire un pantin bien comme il faut ! Mais c'est ma faute ! J'aurais dû réfléchir d'abord !

Ce qui arriva ensuite est une histoire incroyable, et je vous la raconterai dans les autres chapitres.

VOCABULAIRE 7

Cavalcader s'utilise familièrement pour signifier courir dans tous les sens.

Les passants sont **ensorcelés**, c'est-à-dire séduits, charmés comme par un sortilège, à la vue de Pinocchio.

Inimaginable a pour synonymes extraordinaire, incroyable, invraisemblable.

Le tapage est un bruit confus accompagné souvent de cris et de querelles.

Fausser compagnie signifie quitter brusquement quelqu'un et le plus souvent sans prévenir.

Un carabinier était, autrefois, un soldat armé d'une carabine. Une carabine est un petit fusil.

Un fiasco est un échec.

La menace « **tu ne perds rien pour attendre** » indique que la punition ou la vengeance arrivera bientôt.

Des badauds sont des promeneurs curieux qui s'attardent à regarder les spectacles de la rue.

Un tyran est une personne très autoritaire qui abuse de son pouvoir.

L'aventure de Pinocchio avec le Grillon-qui-parle, où l'on voit que les méchants garçons n'aiment pas se faire corriger par qui en sait plus qu'eux.

8

Je vous dirai donc, les enfants, que, pendant que le pauvre Geppetto était mené en prison sans avoir *commis de faute*, cette petite *canaille* de Pinocchio courait à toutes jambes à travers champs pour arriver plus vite à la maison ; et, dans son *ardeur* à courir, il sautait de très hauts talus, des haies de ronces et des fossés pleins d'eau, comme un lièvre.

Arrivé devant la maison, il trouva la porte entrebâillée ; il la poussa, entra, et, une fois le verrou tiré, il s'affala par terre avec un soupir *d'aise*. Mais sa joie fut de courte durée car il entendit :

— Cri-cri-cri !

— Qui m'appelle ? dit Pinocchio, mort de peur.

— Moi !

Pinocchio se retourna et vit un gros *grillon* qui grimpait lentement sur le mur.

— Mais qui es-tu, Grillon ?

— Je suis le Grillon-qui-parle, et j'habite ici depuis plus de cent ans.

— Maintenant, c'est chez moi, dit le pantin.

Alors, fais-moi le plaisir de *déguerpir*.

— Je ne m'en irai pas avant de t'avoir dit une grande vérité, répondit le Grillon.

— Dis-la en vitesse.

— Malheur aux enfants qui se révoltent contre leurs parents et quittent la maison *paternelle* sur un coup de tête ! Il ne leur arrivera jamais rien de bon en ce monde ; et, tôt ou tard, il leur faudra *s'en repentir amèrement*.

— Chante, chante, mon Grillon. Mais, demain à l'aube, je m'en irai d'ici ; car, si je reste, on m'enverra à l'école, et je devrai étudier. Or, je te le dis en *confidence*, je n'ai pas du tout envie d'étudier. Je trouve bien plus amusant de courir après les papillons, grimper aux arbres et dénicher les oisillons.

— Pauvre imbécile ! Tu ne sais donc pas qu'en agissant ainsi, tu deviendras en grandissant le plus beau des ânes, et que tout le monde se moquera de toi ?

— Tais-toi, sale Grillon de malheur ! cria Pinocchio.

VOCABULAIRE 8

Commettre une faute, c'est faire quelque chose de grave.

Une canaille est une personne malhonnête, sans moralité.

Pinocchio court avec **ardeur**, c'est-à-dire de toutes ses forces.

Aise : joie, satisfaction, contentement.

Un grillon est un petit insecte.

Déguerpir : s'enfuir.

La maison **paternelle** est la maison du père, ici Geppetto.

Se repentir amèrement signifie manifester un regret de sa faute, avec l'intention de la réparer.

Dire quelque chose **en confidence**, c'est le dire en secret.

Semaine 5

9 Mais le Grillon, qui était patient et *philosophe*, au lieu de se vexer de cette *impertinence*, continua sur le même ton :

— Si ça ne te plaît pas d'aller à l'école, pourquoi n'apprends-tu pas un métier, afin de gagner honnêtement ta vie ?

— Tu veux que je te dise ? répliqua Pinocchio en s'échauffant. De tous les métiers du monde, un seul me plaît vraiment : manger, boire, dormir, m'amuser, et mener du matin au soir la vie de *vagabond*.

— Sache, *pour ta gouverne*, lui dit le Grillon-qui-parle avec son calme habituel, que tous ceux qui font ce métier se retrouvent presque toujours à l'hôpital ou en prison.

— Attention, sale Grillon de malheur !... Si la colère me prend, gare à toi !

— Pauvre Pinocchio ! Vraiment, tu me fais pitié...

— Et pourquoi je te fais pitié ?

— Parce que tu es un pantin et, ce qui est pire que tout, tu as une tête en bois.

À ces derniers mots, Pinocchio bondit de rage et, prenant un *maillet* sur l'établi, il l'abattit sur le Grillon-qui-parle.

Il ne voulait sans doute pas le frapper pour de bon : mais, par malheur, il l'atteignit en plein sur la tête ; le pauvre Grillon eut juste assez de souffle pour lâcher un cri-cri-cri, puis il resta étendu raide mort, collé au mur.

VOCABULAIRE 9

Le grillon est **philosophe**, signifie qu'il n'est pas touché par les méchancetés de Pinocchio.

Une impertinence est l'attitude de quelqu'un qui cherche à choquer, par ses paroles ou ses gestes.

Un vagabond est une personne qui ne possède ni maison, ni ressources.

Pour ta gouverne : pour t'informer.

Un maillet est un gros marteau à deux têtes, en bois dur, en cuir, en plastique ou en caoutchouc, utilisé par les menuisiers et les sculpteurs.

Pinocchio a faim et cherche un œuf pour se faire une omelette ; mais, au moment le plus alléchant, l'omelette s'envole par la fenêtre.

10

Entre-temps, la nuit tomba, et Pinocchio, qui n'avait rien mangé, sentit un petit malaise à l'estomac qui ressemblait fort à de l'appétit.

Or, l'appétit des enfants grossit vite : au bout de quelques minutes, cet appétit se transforma en faim, qui devint une faim de loup, une faim à couper au couteau.

Le pauvre Pinocchio courut jusqu'à *l'âtre*, où bouillait une marmite. Il voulut soulever le couvercle pour voir ce qu'il y avait dedans. Mais la marmite était peinte sur le mur. Vous imaginez sa *mine* !

Il courut alors de tous côtés, fouilla toutes les boîtes et tous les placards à la recherche d'un peu de pain *rassis* ou un croûton sec, un os rongé, un *chouïa* de polenta moisie, une arête de poisson, un noyau de cerise – bref, quelque chose à mâchouiller. Mais il ne trouva rien, rien de rien, *le néant* total.

Et pendant ce temps, la faim grandissait encore. Pour se soulager, le pauvre Pinocchio bâillait. Après avoir bâillé, il crachait, et il avait l'impression d'avoir l'estomac dans les talons.

En larmes, au désespoir, il dit alors :

— Le Grillon-qui-parle avait raison ! J'ai eu tort de me révolter contre mon papa et de m'enfuir... Si mon papa était là, je ne serais pas en train de bâiller à en mourir ! Ah, quelle sale maladie que la faim !

C'est alors qu'il crut voir dans le tas de balayures une chose ronde et blanche qui avait tout l'air d'un œuf de poule. Il fit un bond et s'en empara. C'était bien un œuf !

VOCABULAIRE 10

L'âtre est la partie de la cheminée où l'on fait le feu.

La mine est l'aspect du visage qui laisse paraître l'humeur, l'état de santé de quelqu'un. On peut parler de bonne mine, de mauvaise mine…

Le pain est **rassis** lorsqu'il n'est plus frais. Il est alors sec et dur.

Chouïa : petite quantité.

Le néant est l'absence totale de quelque chose.

11 Croyant presque à une hallucination, il retourna cet œuf entre ses mains, le toucha, l'embrassa, et, en l'embrassant, il dit :

— Maintenant, comment vais-je le cuire ? En omelette ? Non, au plat, c'est mieux ! Mais il serait encore plus savoureux si je le faisais frire à la poêle, non ? Ou alors, si je le préparais à la coque ? Non, le plus simple et le plus rapide, c'est de le cuire au plat ou dans le ramequin : j'ai trop envie de le manger !

Sitôt dit, sitôt fait : il posa un ramequin sur un *brasero* plein de braises chaudes ; dans le ramequin, au lieu d'huile ou de beurre, il mit un peu d'eau. Et quand cette eau commença à fumer, tchac ! il cassa la coquille, et voulut jeter l'œuf dedans.

Mais au lieu du blanc et du jaune, ce fut un petit poussin tout joyeux qui s'en échappa, et dit avec une belle *révérence* :

— Mille mercis de m'avoir épargné la peine de *rompre* la coquille, monsieur Pinocchio ! Au revoir ! Portez-vous bien, et bonjour chez vous !

Sur ces mots, il s'envola par la fenêtre ouverte, s'éloigna *à tire-d'aile* et disparut.

Le pauvre pantin resta bouche bée, les yeux fixes, avec les morceaux de coquille à la main. Une fois revenu de sa stupeur, il se mit à pleurer, à crier, à trépigner de désespoir. Et, à travers ses pleurs, il disait :

— Le Grillon-qui-parle avait bien raison ! Si je ne m'étais pas enfui de la maison, et si mon papa était ici, je ne serais pas en train de crever de faim ! Ah, quelle sale maladie que la faim !

Comme son estomac continuait à réclamer de plus belle, il eut l'idée de rejoindre le village voisin, dans l'espoir d'y trouver une personne *charitable* qui lui donnerait un peu de pain.

VOCABULAIRE 11

Un brasero est un récipient métallique, sur pieds, percé de trous et rempli de charbons ardents. Il est ici destiné au chauffage.

Une révérence est un mouvement du corps qu'on fait soit en s'inclinant, soit en pliant les genoux. La révérence montre du respect envers la personne à qui on l'adresse.

« **Rompre** » est un synonyme de « casser ». Le poussin doit rompre sa coquille pour pouvoir sortir de l'œuf. C'est un moment long et fatigant pour un poussin qui vient à naître.

À tire-d'aile signifie avec des coups d'ailes rapides et ininterrompus.

Une personne **charitable** agit avec charité, c'est-à-dire qu'elle donne pour aider les autres.

Pinocchio s'endort les pieds sur le brasero,
et il se réveille le lendemain matin avec les pieds brûlés.

12 Or, c'était une épouvantable nuit d'hiver. Le tonnerre grondait, des éclairs zébraient le ciel comme s'il était en feu, et un vent glacial, sifflant *rageusement* et soulevant un énorme nuage de poussière, faisait craquer et gémir les arbres de la campagne.

Pinocchio avait très peur du tonnerre et des éclairs. Pourtant, sa faim était plus forte que sa peur. Alors, il rabattit la porte de la maison et, partant au triple galop, en une centaine de foulées, il arriva au village, haletant comme un chien de chasse.

Mais tout était dans le noir, et tout était désert. Fermées, les boutiques ; closes, les portes des maisons ; verrouillées, les fenêtres ; et pas un chat dehors. Un vrai cimetière.

Alors, poussé par le désespoir et la faim, Pinocchio se pendit à la sonnette d'une maison et sonna sans arrêt, en se disant :

— Quelqu'un finira bien par se montrer...

De fait, un petit vieux en bonnet de nuit apparut à la fenêtre, et il cria avec une grosse colère :

— Qu'est-ce que vous voulez, *à une heure pareille* ?

— Auriez-vous la gentillesse de me donner un peu de pain ?

— Attends-moi là, je reviens tout de suite, répondit le petit vieux, croyant avoir affaire à un de ces gamins *téméraires* qui s'amusent à déranger les braves gens qui dorment tranquillement.

Après un court instant, la fenêtre se rouvrit, et le même petit vieux cria à Pinocchio :

— Avance-toi, et tends ton chapeau.

Pinocchio enleva bien vite son petit bonnet ; mais, au moment où il le tendait, une énorme cuvette d'eau se déversa sur lui et l'arrosa de la tête aux pieds comme un pot de géraniums *flétris*. Il rentra chez lui trempé comme une soupe, épuisé par la fatigue et la faim, et s'assit en posant ses pieds ruisselants et crottés sur un *réchaud* plein de braises.

Puis, il s'endormit. Pendant qu'il dormait, ses pieds en bois prirent feu ; et, peu à peu, ils se *carbonisèrent* et se réduisirent en cendres.
Pinocchio continua à dormir et à ronfler comme si ses pieds ne lui appartenaient pas. Enfin, au point du jour, un coup à la porte le réveilla.
— Qui est-ce ? demanda-t-il en bâillant et en se frottant les yeux.
— C'est moi, répondit une voix.
C'était la voix de Geppetto.

VOCABULAIRE 12

Le vent siffle **rageusement**, avec fureur.

L'expression « **à une heure pareille** » s'utilise pour parler d'une heure tardive, tard le soir ou dans la nuit.

Des gamins **téméraires** sont hardis et n'ont pas peur d'accomplir des actions dangereuses.

Des géraniums qui ont perdu leur fraîcheur et leur éclat par manque d'eau sont **flétris**.

Un **réchaud** est un petit récipient utilisé pour la cuisson.

Les pieds de Pinocchio sont **carbonisés**, ils sont complètement brûlés.

Geppetto rentre à la maison, veut refaire les pieds du pantin, et lui donne le repas que ce pauvre homme avait prévu pour lui-même.

13

Le pauvre Pinocchio, toujours ensommeillé, ne s'était pas encore aperçu que ses pieds avaient brûlé. Dès qu'il entendit son père, il bondit de son tabouret pour courir tirer le verrou. Mais, après avoir *chancelé* deux ou trois fois, il s'écroula à terre de tout son long.

En tombant, il fit autant de boucan qu'un sac de louches dégringolant cinq étages.

— Ouvre ! criait Geppetto, dehors.

— Je ne peux pas, mon papa ! répondit le pantin en pleurant et en se roulant par terre.

— Pourquoi ne peux-tu pas ?

— Parce qu'on m'a mangé les pieds.

— Et qui te les a mangés ?

— Le chat, dit Pinocchio en voyant le chat qui s'amusait à faire valser des copeaux de bois entre ses pattes de devant.

— Tu vas ouvrir, oui ! répéta Geppetto. Sinon, je vais t'en donner, d*u chat à neuf queues* !

— Je ne peux pas tenir debout, je vous supplie de me croire ! Quel malheur ! Je serai obligé de me traîner sur les genoux toute ma vie !

Geppetto crut que ces *jérémiades* étaient une nouvelle farce du pantin ; il voulut en finir et, escaladant le mur, il entra par la fenêtre.

Ah, il en avait long à dire et à faire ! Mais quand il vit son Pinocchio à terre et privé de pieds, il s'émut. Il l'embrassa, lui fit mille caresses et mille *cajoleries*, et, de grosses larmes roulant sur ses joues, il lui dit :

— Mon petit Pinocchio ! Comment as-tu pu te brûler les pieds ?

— Je ne sais pas, papa, mais c'était une nuit infernale, croyez-moi. Je m'en souviendrai jusqu'à la fin de ma vie ! Il y avait du tonnerre, des éclairs, et j'avais très faim, et alors, le Grillon-qui-parle m'a dit : « Bien fait pour toi. Tu as été méchant, tu ne l'as pas volé ! » Et moi je lui ai dit : « Gare à toi, Grillon ! », et alors, il m'a dit : « Tu es une marionnette, tu as une tête de bois », et moi, je lui ai flanqué un coup de marteau, et puis il est mort. Mais c'est sa faute. Je ne voulais pas le tuer, moi ! La preuve, j'ai mis un ramequin sur les braises rouges du brasero, mais après, le poussin s'est échappé en me disant : « Adieu, et bien le bonjour chez toi ! » et après, j'avais encore plus faim. C'est pour ça que le petit vieux en bonnet de nuit m'a dit en mettant la tête à la fenêtre :

« Avance-toi et tends ton chapeau », et moi, vlan ! j'ai reçu une bassine d'eau sur la tête. Parce que ce n'est pas une honte de demander un peu de pain, pas vrai ? Je suis rentré tout de suite à la maison, et comme j'avais toujours très faim, j'ai mis mes pieds sur le brasero pour me sécher, et vous êtes revenu, et j'ai vu qu'ils étaient brûlés, et en attendant, moi, j'ai toujours faim, et je n'ai plus de pieds. Bouh ! bouh ! bouh !
Le pauvre Pinocchio se mit à pleurer et à brailler si fort qu'on l'entendait à cinq kilomètres à la ronde.

VOCABULAIRE 13

Chanceler, c'est manquer d'équilibre et donc risquer de tomber.

Le chat à neuf queues est un fouet. Il est composé d'un manche auquel sont fixées neuf cordes ou lanières de cuir. Chaque corde ou lanière se termine par un nœud ou une griffe en métal.

Des jérémiades sont des plaintes, des lamentations persistantes qui fatiguent l'entourage.

Des cajoleries sont des gestes doux, caressants et tendres.

14

Dans ce discours tout *embrouillé*, Geppetto n'avait compris qu'une chose : que le pantin mourait de faim. Il tira de sa poche trois poires, et il les lui tendit en disant :
— Ces trois poires étaient mon déjeuner, mais je te les donne de bon cœur. Profites-en.
— Si vous voulez que je les mange, soyez gentil de me les éplucher.
— Te les éplucher ? répondit Geppetto, *ahuri*. Je n'aurais jamais cru que *tu ferais la fine bouche* et que tu avais *le palais si délicat*, mon fils. En ce bas monde, il faut s'habituer à manger de tout, car on ne sait jamais ce qui peut arriver. On en voit de toutes les couleurs !
— C'est bien joli, ce que vous dites, reprit Pinocchio, mais je ne mangerai jamais un fruit avec la peau. Je déteste ça.
Alors, ce brave Geppetto sortit un petit couteau et, *s'armant de patience*, il pela les trois poires ; puis il mit les épluchures sur un coin de la table.
Pinocchio ne fit qu'une bouchée de la première poire, et voulut jeter le *trognon*. Mais Geppetto le retint par le bras :
— Ne le jette pas : tout peut être utile en ce bas monde.
— Ah, mais je ne mange pas le trognon, ça non ! cria le pantin, s'en prenant à lui avec *la vivacité d'une vipère*.

— Qui sait ? On en voit de toutes les couleurs ! répéta calmement Geppetto. Toujours est-il que les trois trognons allèrent rejoindre les épluchures sur le coin de la table.
Les trois poires mangées, ou plutôt, dévorées, Pinocchio émit un long bâillement et pleurnicha :
— J'ai encore une de ces faims !
— Mais, mon enfant, je n'ai plus rien à te donner.
— Vraiment rien de rien ?
— Je n'ai que ces épluchures et ces trognons de poire.
— Bon, tant pis ! dit Pinocchio. Je mangerai une épluchure, puisqu'il n'y a rien d'autre.
Et il se mit à mâchonner. D'abord, il fit un peu la grimace ; puis il fit disparaître en un clin d'œil les épluchures et les trognons. Quand il eut tout mangé, il se tapota le ventre de satisfaction, et *jubila* :
— Là oui, je me sens bien !
— Tu vois ! J'avais raison quand je te disais qu'il ne sert à rien de *pinailler* et d'avoir le bec trop fin, observa Geppetto. Mon cher, on ne sait jamais ce qui peut arriver en ce bas monde. On en voit de toutes les couleurs !!!

Carlo Collodi
Traduction d'Anna Ricci © Le Livre de poche Jeunesse
Illustrations de Carole Gourrat © La Librairie des Écoles

VOCABULAIRE 14

Le discours de Pinocchio est tout **embrouillé**, son histoire est confuse et compliquée, on a du mal à la comprendre.

Être ahuri, c'est être stupéfait, étonné.

L'expression **« faire la fine bouche »** signifie faire le difficile devant quelque chose qu'il faudrait apprécier.

Avoir le palais délicat, c'est aimer les bonnes choses, bien cuisinées.

« **S'armer de patience** » est une expression qui signifie être prêt à affronter une difficulté exigeant de la patience. Dans notre histoire, Geppetto s'arme de patience pour éplucher les trois poires offertes à Pinocchio.

Le trognon est ce qui reste d'un fruit ou d'un légume après avoir mangé ou enlevé la partie qui se mange.

La vivacité est la rapidité à se déplacer. Une vipère se déplace très rapidement, c'est pourquoi on utilise l'expression « **avec la vivacité d'une vipère** ».

Jubiler, c'est manifester une très grande joie.

Pinailler est un verbe familier qui signifie se plaindre pour un rien, discuter sur des détails.

ATELIER THÉÂTRE

Les émotions – Improviser à partir d'un texte

L'acteur lit attentivement et apprend par cœur un texte. Ensuite, devant le public qui l'écoute et le regarde, il fait comme s'il était en train d'inventer ce qu'il dit : il joue la comédie. Le spectateur a l'impression que l'acteur vit et ressent ce qu'il raconte, ce qui rend l'histoire très attrayante.

1. Le pantin

a) Déplacez-vous dans l'espace en évitant de vous toucher les uns les autres. Ne laissez pas d'espace vide dans la salle : vous pouvez passer par le sol, à quatre pattes, sur la pointe des pieds...

b) Imaginez maintenant que vous êtes une bûche, complètement raide. Essayez de vous déplacer.

c) Vous êtes un pantin, dont l'ébéniste a oublié certaines articulations. Déplacez-vous d'abord sans mouvement des genoux ni des chevilles. Puis déplacez-vous sans mouvement des coudes, des poignets, ni du cou. Enfin, imaginez que vous n'avez pas d'articulation du bassin.

d) Retrouvez à présent toutes vos possibilités corporelles, mais imaginez que vous vous déplacez sous l'eau. L'eau est plus lourde que l'air, ce qui ralentit vos mouvements.

2. Photos d'émotions

Les élèves sont alignés de dos, en position neutre, c'est-à-dire bras le long du corps, tête droite et pieds légèrement écartés (dans le prolongement du bassin). Le professeur annonce une émotion ou un sentiment, et claque des mains. À ce signal, les enfants se retournent d'un coup face au professeur, dans une pose (comme sur une photo) qui exprime l'émotion demandée.

Exemples : Joie, colère, tristesse, peur, jalousie, soulagement, douleur, fourire, douceur, surprise, déception, tendresse, honte, gentillesse, stupeur, frayeur, émerveillement.

« Ta pose doit mettre en jeu ton visage et ton corps entier, des pieds à la tête. Immobilise-toi dans ta pose (comme sur une photo), jusqu'à ce que le professeur te dise de relâcher.

3. L'objet détourné

Les enfants se mettent par groupes de trois. Le professeur choisit plusieurs objets dans la classe et en confie un à chaque groupe. Les élèves créent une petite histoire autour de l'objet, détourné de son usage habituel (par exemple un bonnet peut devenir un petit chien qui aboie et tire sur sa laisse, un balai peut devenir une voiture, etc).

4. Interprétation

Relisez le passage où Pinocchio, affamé, trouve un œuf (extrait n°10 page 105). Relisez aussi le passage où Pinocchio raconte à Gepetto la terrible nuit qu'il a passée, seul et affamé (extrait n°13 page 109).

Rejouez l'un des deux extraits en imaginant que vous vivez cette situation (avec votre caractère à vous, votre âge, votre corps). Pour la scène de l'œuf, utilisez un petit objet pour symboliser l'œuf (gomme ou balle par exemple). Pour la scène du récit de la nuit, un de vos camarades jouera Gepetto qui écoute.

SEMAINE 1

1 **Questions de compréhension** page 90

1- À qui appartient le morceau de bois ? Quel est son métier ? Que va-t-il en faire ?

2- Pourquoi le menuisier interrompt-il son travail ? À votre avis, d'où vient la petite voix ?

3- Expliquez les mots *flamber*, *luisant*, *ôter* et *épouvantés* en donnant des synonymes.

Construire une phrase

1- Choisissez, pour chacun des verbes à mettre au présent, un sujet et un complément.

Le vieux menuisier	brûler	dans les poêles et les cheminées
Une petite voix	tomber	sur le sol
Les copeaux de bois	implorer	le menuisier
Les bûches	entendre	une petite voix
Maître Antonio	affûter	sa hache

2 **Questions de compréhension** page 91

1- De quoi se plaint la petite voix tout au long du texte ?

2- Que veut dire le menuisier en disant : « Je vais lui montrer un peu, moi ! » ?

3- Que comprend Maître Cerise à la fin du texte ? Pourquoi est-il comme halluciné ?

Composer un petit texte

1- Utilisez les quatre verbes ci-dessous pour écrire quatre phrases au présent. Changez de sujet à chaque phrase (nom, groupe nominal, pronom...).
fredonner - se lamenter - ébouriffer - dégrossir

SEMAINE 2

3 **Questions de compréhension** page 93

1- Décrivez le nouveau personnage de l'histoire.

2- À votre avis, quel est le métier de Geppetto ? Quelle faveur Geppetto vient-il demander à Maître Cerise ?

3- Après avoir relu le dernier échange entre Maître Cerise et Geppetto, donnez la signification du verbe « houspiller ». Pourquoi se houspillent-ils ?

Construire une phrase

1- Refaites les phrases en mettant en tête le complément répondant à la question où ? quand ? ou comment ?

Exemple : *Un petit vieux très alerte entra dans l'atelier.*
Dans l'atelier, un petit vieux très alerte entra.

Une petite voix implorante se fait entendre dans le morceau de bois.
Une idée a jailli de mon cerveau ce matin.
Le menuisier répondit à Geppetto en se relevant sur les genoux.
Les deux hommes se houspillèrent en s'injuriant l'un et l'autre.

4 **Questions de compréhension** page 94

1- Quels gestes et promesses font les deux hommes pour se dire pardon ?

2- Pourquoi le bout de bois cogne-t-il contre la jambe de Geppetto ? Que se passe-t-il alors ? Pourquoi ?

Composer un petit texte

Résumez le début de l'histoire, au présent, à l'aide des questions.

- C'est l'histoire d'un morceau de bois. À qui appartient-il ? Que veut-il en faire ?
- Pourquoi n'arrive-t-il pas à travailler le morceau de bois ? Qu'entend-il sans cesse ?
- Après maintes recherches, le vieux menuisier se rend compte d'où vient la voix. À qui appartient-elle ?
- Qui frappe alors à la porte de maître Antonio ? Que désir celui-ci ? Pour quoi faire ?
- Quel morceau de bois le menuisier offre-t-il à Geppetto ? Pourquoi ?

SEMAINE 3

5 Questions de compréhension

page 96

1- Que Geppetto veut-il façonner ?

2- Pourquoi le pantin s'appellera-t-il Pinocchio ? Qu'est-ce qui fait rêver Geppetto chez la famille de Pinocchi ?

3- Quelles choses extraordinaires se passent tout au long du sculptage du pantin ?

Construire une phrase

1- Remplacez le nom en italique par le verbe correspondant à l'**infinitif**.

Exemple : Le menuisier entend *un cri* dans son atelier.
Le menuisier entend crier dans son atelier.
Maître Cerise croit entendre les pleurs d'un petit garçon.
Geppetto se met à la sculpture de son pantin.
Le sculpteur est vexé d'entendre le rire de Pinocchio.

6 Questions de compréhension

page 97

1- Pourquoi Geppetto pense-t-il mériter le coup de pied de Pinocchio ?
Pourquoi aurait-il dû réfléchir avant de sculpter son pantin ?

2- Comment qualifieriez-vous l'attitude de Pinocchio avec Geppetto ?

3- Relevez, dans le texte, tous les mots qui appartiennent au champ lexical du corps.

Composer un petit texte

1- Recopiez le texte en le complétant.

… trouve un … qui pleure et rit comme un petit garçon. … offre le morceau de bois à son ami …, qui le prend pour fabriquer un … extraordinaire, qui sache danser, tirer l'épée et faire des sauts périlleux. Rentré chez lui, … se met aussitôt à fabriquer son pantin et lui donne le nom de … … … est un pantin qui multiplie les espiègleries.

2-Ecrivez un petit texte à l'aide des vignettes.

SEMAINE 4

7 Questions de compréhension

page 99

1- Pinocchio tenta de passer entre les jambes du carabinier par surprise, mais ce fut un fiasco. Relevez la phrase du texte qui décrit ce fiasco.

2- Pourquoi Pinocchio refuse-t-il d'avancer pour rentrer à la maison ?

3- Pour quelle raison le pauvre Geppetto est-il mené en prison ?

Construire une phrase

Complétez les phrases suivantes en remplaçant les mots en gras, par des compléments.

- ... **où** ? ..., Pinocchio courait ... **comment** ? ... .
- ... **quand** ? ..., les passants riaient ... **comment** ? ... .
- Un carabinier entendit ... **quoi** ? ... .
- ... **où** ? ..., le carabinier se planta ... **comment** ? ... .
- Il attrapa ... **qui** ? ..., ... **comment** ? ... .
- ... **où** ? ou **quand** ? ..., Geppetto pleurait ... **comment** ? ... .

8 Questions de compréhension

page 100

1- Expliquez avec vos propres mots « la grande vérité » dite pas le Grillon.

2- Pourquoi, en grandissant, Pinocchio risque-t-il de devenir le plus beau des ânes ?

3- À votre avis, d'où peut venir cette envie de liberté et de vagabondage ?

Composer un petit texte

1- À l'aide de votre imagination, essayez d'expliquer pourquoi Pinocchio n'a pas envie d'étudier. Faites plusieurs phrases complètes (sujet + verbe + compléments) et pensez aux points et aux majuscules.

SEMAINE 5

9 Questions de compréhension

page 102

1- Pourquoi le Grillon a-t-il pitié de Pinocchio ? Que veut dire le grillon en disant : « tu as une tête en bois » ?

2- Quels sentiments ressent Pinocchio en écoutant le Grillon-qui-parle ? Pourquoi ? Que finit-il par faire ?

3- Avez-vous déjà ressenti ces mêmes sentiments ? À quelles occasions ?

Construire une phrase

1- Copiez les phrases suivantes en mettant en tête l'adjectif ou le participe passé en italique.

Exemple : *Le Grillon est indigné, il donne une leçon de morale à Pinocchio.*
Indigné, le Grillon donne une leçon de morale à Pinocchio.

Le pantin est vagabond, il préfère la liberté à l'école.
Le Grillon-qui-parle est philosophe, il questionne Pinocchio avec patience.
Pinocchio est vexé, il frappe le pauvre Grillon.
L'insecte est écrasé, il lâche un dernier cri-cri-cri.

10 Questions de compréhension

page 103

1- Relevez les trois expressions liées à « une très grande faim ».

2- Quelle est la mine de Pinocchio à la découverte de la marmite peinte ? Mimez son visage.

3- Qu'est ce qu'un « tas de balayures » ?

4- Pourquoi Pinocchio regrette-t-il son papa ?

Composer un petit texte

1- Relisez plusieurs fois le passage bordé d'un filet dans le texte 10. Fermez votre livre. Essayez maintenant de le reproduire de mémoire.

2- Racontez une petite anecdote où vous n'avez pas écouté vos parents alors qu'ils avaient raison.

SEMAINE 6

11 Questions de compréhension

page 104

1- D'après le texte, citez les multiples manières de cuisiner un œuf.

2- Comment se fait-il qu'un poussin sorte de l'œuf ?

3- Pourquoi Pinocchio pleure-t-il de désespoir ? Que pense-t-il alors ?

Construire une phrase

1- Complétez cette recette de l'œuf sur le plat à l'aide des adverbes ci-dessous.
doucement - proprement - seulement - presque - tous - légèrement - assez - soigneusement :
Beurrez ... une poêle. Faites chauffer ... sur le feu.
Lorsque le beurre est ... fondu, cassez ... les œufs dans la poêle sans crever le jaune.
Salez ... le blanc, car le jaune se tacherait de ... petits points blancs.
Laissez cuire ... 3 minutes en étalant ... le blanc avec une spatule.
Faites glisser ... les œufs sur les assiettes à l'aide de la spatule.

12 Questions de compréhension

page 105

1- Quel temps fait-il ? Relevez les mots qui décrivent ce temps.

2- Le petit vieux en bonnet de nuit est-il un homme charitable ? Pourquoi ?

3- Retrouvez dans le texte quatre comparaisons et expliquez-les.
(Toutes ces comparaisons possèdent la conjonction « comme ».)

Composer un petit texte

En prenant pour modèle le paragraphe bordé d'un filet, dans le texte 12, rédigez un paragraphe où le petit vieux en bonnet de nuit offre véritablement quelque chose à Pinocchio.

Idées à développer :
Après un court instant, la fenêtre se rouvre, et le petit vieux dit à Pinocchio...
(Que lui dit-il ? Que lui offre-t-il ? Et comment ?)
Pinocchio rentre chez lui... (Dans quel état ? Que fait-il une fois chez lui ?)

SEMAINE 7

13 Questions de compréhension

page 107

1- Pourquoi Geppetto ne croit-il pas Pinocchio ?

2- Si Pinocchio n'ouvre pas la porte, de quoi le menace Geppetto ?

3- L'histoire de Pinocchio est confuse et compliquée. Racontez-la plus clairement.

Construire une phrase

1- Construisez cinq phrases complètes (sujet + verbe + complément) à partir des verbes suivants au choix : ôter - façonner - ébouriffer - irriter - cavalcader - fredonner - déguerpir - rompre - carboniser – chanceler

2- Après correction de vos phrases, réécrivez-les en ajoutant dans chacune un adjectif et un adverbe.

14 Questions de compréhension

page 108

1- Geppetto donne au pantin les trois poires prévues pour son repas.
Comment s'appelle cette qualité ?

2- Pourquoi Geppetto dit-il que Pinocchio fait la fine bouche ? Que pensez-vous de l'attitude de Pinocchio pendant son repas ?

3- À la fin du texte, Geppetto fait la morale à Pinocchio. Retrouvez le passage.
Pensez-vous que Pinocchio retiendra la leçon ? Expliquez pourquoi.
Imaginez d'autres mésaventures.

Composer un petit texte

Inventez un petit texte avec un dialogue, à l'aide du titre et des idées à développer.

Titre : **Pinocchio promet d'aller à l'école en échange d'une paire de pieds neufs.**

Idées à développer : pourquoi Pinocchio n'a-t-il plus de pieds ? Que réclame-t-il à Geppetto ? Geppetto n'est pas d'accord. Pourquoi ? Que promet-il à Geppetto ? Donnez plusieurs arguments. Finalement, Geppetto se met au travail. Décrivez la joie de Pinocchio !

Lewis Carroll

Alice au pays des merveilles

Traduit de l'anglais par Henri Bué - Illustrations d'Anne Cresci

Semaine 1

Au fond du terrier

1 Alice, assise auprès de sa sœur sur le gazon, commençait à s'ennuyer de rester là à ne rien faire ; une ou deux fois elle avait jeté les yeux sur le livre que lisait sa sœur ; mais quoi ! pas d'images, pas de dialogues ! « *La belle avance,* » pensait Alice, « qu'un livre sans images, sans *causeries* ! »
Elle s'était mise à réfléchir, (tant bien que mal, car la chaleur du jour l'endormait et la rendait lourde,) se demandant si le plaisir de faire une couronne de marguerites valait bien la peine de se lever et de cueillir les fleurs, quand tout à coup un lapin blanc aux yeux roses passa près d'elle.
Il n'y avait rien là de bien étonnant, et Alice ne trouva même pas très extraordinaire d'entendre parler le Lapin qui se disait : « Ah ! j'arriverai trop tard ! » (En y songeant après, il lui sembla bien qu'elle aurait dû s'en étonner, mais sur le moment cela lui avait paru tout naturel.) Cependant, quand le Lapin vint à tirer une montre de son *gousset*, la regarda, puis se prit à courir de plus belle, Alice sauta sur ses pieds, frappée de cette idée que jamais elle n'avait vu de lapin avec un gousset et une montre. Entraînée par la curiosité elle s'élança sur ses traces à travers le champ, et arriva tout juste à temps pour le voir disparaître dans un large trou au pied d'une *haie*.
Un instant après, Alice était à la poursuite du Lapin dans le *terrier*, sans songer comment elle en sortirait.
Pendant un bout de chemin le trou allait tout droit comme un tunnel, puis tout à coup il plongeait perpendiculairement d'une façon si brusque qu'Alice se sentit tomber comme dans un puits d'une grande profondeur, avant même d'avoir pensé à se retenir.

VOCABULAIRE 1

« **La belle avance** » est une expression ironique qui signifie « à quoi cela sert-il ? ».

Les causeries sont de petites conversations sans grandes importances.

Un gousset est une petite poche du gilet destinée à mettre une montre.

Une haie est une clôture faite d'arbustes taillés, autour d'un champ, d'un jardin.

Un terrier est un trou dans la terre, où se cache un animal : les lapins, les renards ont des terriers.

2 *De deux choses l'une*, ou le puits était vraiment bien profond, ou elle tombait bien doucement ; car elle *eut tout le loisir*, dans sa chute, de regarder autour d'elle et de se demander avec étonnement ce qu'elle allait devenir. D'abord elle regarda dans le fond du trou pour savoir où elle allait ; mais il y faisait bien trop sombre pour y rien voir. Ensuite elle porta les yeux sur les *parois* du puits, et s'aperçut qu'elles étaient garnies d'armoires et d'étagères ; çà et là, elle vit pendues à des clous des cartes géographiques et des images. En passant elle prit sur un rayon un pot de confiture portant cette étiquette, « *MARMELADE* D'ORANGES. » Mais, à son grand regret, le pot était vide : elle n'osait le laisser tomber dans la crainte de tuer quelqu'un ; aussi s'arrangea-t-elle de manière à le déposer en passant dans une des armoires.

« Certes, » dit Alice, « après une chute pareille je ne me moquerai pas mal de dégringoler l'escalier ! Comme ils vont me trouver brave chez nous ! Je tomberais du haut des toits que je ne ferais pas entendre une *plainte*. » (Ce qui était bien *probable*.)

Tombe, tombe, tombe ! « Cette chute n'en finira donc pas ! Je suis curieuse de savoir combien de *milles* j'ai déjà faits, » dit-elle tout haut. « Je dois être bien près du centre de la terre. Voyons donc, cela serait à quatre mille milles de profondeur, il me semble. » [...]

Bientôt elle reprit : « Si j'allais traverser complètement la terre ? Comme ça serait drôle de se trouver au milieu de gens qui marchent la tête en bas. Aux *Antipathies*, je crois. » (Elle n'était pas fâchée cette fois qu'il n'y eût personne là pour l'entendre, car ce mot ne lui faisait pas l'effet d'être bien juste.) « Eh mais, j'aurai à leur demander le nom du pays. — Pardon, Madame, est-ce ici la *Nouvelle-Zemble* ou l'Australie ? » — En même temps elle essaya de faire la révérence. (Quelle idée ! Faire la révérence en l'air ! Dites-moi un peu, comment vous y prendriez-vous ?) « Quelle petite ignorante ! pensera la dame quand je lui ferai cette question. Non, il ne faut pas demander cela ; peut-être le verrai-je écrit quelque part. »

VOCABULAIRE 2

L'expression « **de deux choses l'une** » est utilisée pour évoquer deux possibilités comme les seules possibles. Ici, soit le puits est vraiment très profond, soit elle tombe très doucement.

Avoir tout le loisir, c'est avoir tout le temps qu'il faut.

Les parois du puits sont les murs intérieurs.

La marmelade est de la confiture à la pulpe de fruits et au sucre.

Une plainte : cri, gémissement qui exprime la douleur.

Alice n'aura plus peur de tomber. Cette affirmation est **probable**, c'est-à-dire qu'elle est vraisemblable, qu'elle aura de grandes chances d'être vraie.

Le mille est une unité de mesure, comme le mètre. Il est utilisé en navigation aérienne ou maritime. Il vaut 1852 mètres.

Antipathies et **Nouvelle-Zemble** sont des mots inventés par Alice. Elle utilise « Antipathies » pour dire « aux antipodes », c'est-à-dire à l'opposé. « Nouvelle-Zemble » est mis pour Nouvelle-Zélande, qui est un pays situé dans l'océan Pacifique, non loin de l'Australie.

3 Tombe, tombe, tombe ! Donc Alice, faute d'avoir rien de mieux à faire, se remit à se parler : « Dinah remarquera mon absence ce soir, bien sûr. » (Dinah c'était son chat.) « Pourvu qu'on n'oublie pas de lui donner sa *jatte* de lait à l'heure du thé. Dinah, ma minette, que n'es-tu ici avec moi ? Il n'y a pas de souris dans les airs, j'en ai bien peur ; mais tu pourrais attraper une chauve-souris, et cela ressemble beaucoup à une souris, tu sais. Mais les chats mangent-ils les chauves-souris ? » Ici le sommeil commença à gagner Alice. Elle répétait, à moitié endormie : « Les chats mangent-ils les chauves-souris ? Les chats mangent-ils les chauves-souris ? » Et quelquefois : « Les chauves-souris mangent-elles les chats ? » Car vous comprenez bien que, puisqu'elle ne pouvait répondre ni à l'une ni à l'autre de ces questions, peu importait la manière de les poser. Elle *s'assoupissait* et commençait à rêver qu'elle se promenait tenant Dinah par la main, lui disant très-sérieusement : « Voyons, Dinah, dis-moi la vérité, as-tu jamais mangé des chauves-souris ? » Quand tout à coup, pouf ! la voilà étendue sur un tas de *fagots* et de feuilles sèches, — et elle a fini de tomber.

Alice ne s'était pas fait le moindre mal. Vite elle se remet sur ses pieds et regarde en l'air ; mais tout est noir là-haut. Elle voit devant elle un long passage et le Lapin Blanc qui court à toutes jambes. Il n'y a pas un instant à perdre ; Alice part comme le vent et arrive tout juste à temps pour entendre le Lapin dire, tandis qu'il tourne le coin : « Par ma moustache et mes oreilles, comme il se fait tard ! » Elle n'en était plus qu'à *deux pas* : mais le coin tourné, le Lapin avait disparu. Elle se trouva alors dans une salle longue et basse, éclairée par une rangée de lampes pendues au plafond.

VOCABULAIRE 3

Une jatte est un récipient de forme ronde et relativement profond.

S'assoupir : s'endormir d'un sommeil léger.

Un fagot est un ensemble de petites branches attachées ensemble.

N'être plus qu'à **deux pas**, c'est être à côté.

4 Il y avait des portes tout autour de la salle : ces portes étaient toutes fermées, et, après avoir *vainement* tenté d'ouvrir celles du côté droit, puis celles du côté gauche, Alice se promena tristement au beau milieu de cette salle, se demandant comment elle en sortirait.

Tout à coup elle rencontra sur son passage une petite table à trois pieds, en verre massif, et rien dessus qu'une toute petite clef d'or. Alice pensa aussitôt que ce pouvait être celle d'une des portes ; mais hélas ! soit que les serrures *fussent* trop grandes, soit que la clef fût trop petite, elle ne put toujours en ouvrir aucune. Cependant, ayant fait un second tour, elle aperçut un rideau placé très-bas et qu'elle n'avait pas vu d'abord ; par derrière se trouvait encore une petite porte à peu près *quinze pouces de haut* ; elle essaya la petite clef d'or à la serrure, et, à sa grande joie, il se trouva qu'elle y *allait à merveille*. Alice ouvrit la porte, et vit qu'elle conduisait dans un *étroit* passage à peine plus large qu'un trou à rat. Elle s'agenouilla, et, jetant les yeux le long du passage, découvrit le plus ravissant jardin du monde. Oh ! Qu'il lui tardait de sortir de cette salle *ténébreuse* et d'errer au milieu de ces carrés de fleurs brillantes, de ces fraîches fontaines ! Mais sa tête ne pouvait même pas passer par la porte. « Et quand même ma tête y passerait, » pensait Alice, « à quoi cela servirait-il sans mes épaules ? Oh ! que je voudrais donc avoir la *faculté* de me fermer comme un *télescope* ! Ça se pourrait peut-être, si je savais comment m'y prendre. » Il lui était déjà arrivé tant de choses extraordinaires, qu'Alice commençait à croire qu'il n'y en avait guère d'impossibles.

Comme cela n'avançait à rien de passer son temps à attendre à la petite porte, elle retourna vers la table, espérant presque y trouver une autre clef, ou tout au moins quelque *grimoire* donnant les règles à suivre pour se fermer comme un télescope. Cette fois elle trouva sur la table une petite bouteille (qui certes n'était pas là tout à l'heure). Au *goulot* de cette petite bouteille était attachée une étiquette en papier, avec ces mots « BUVEZ-MOI » admirablement imprimés en grosses lettres.

VOCABULAIRE 4

Vainement : inutilement, en vain.

« Soit que les serrures **fussent** trop grandes, soit que la clef **fût** trop petite ». Le verbe être, lorsqu'il est conjugué à l'imparfait du subjonctif, donne les formes « **fussent** » et « **fût** ».

Le **pouce** est une unité de mesure de longueur datant du Moyen Âge. Actuellement les Anglais utilisent toujours cette unité de mesure, 1 pouce = 2,54 centimètres. La porte fait **quinze pouces de haut**, soit environ 38 centimètres.

À merveille : parfaitement, admirablement.

Un passage **étroit** a peu de largeur. On y passe difficilement. À l'inverse, large signifie grand.

La salle est **ténébreuse**, elle est plongée dans l'obscurité.

Faculté : capacité.

Un télescope est un instrument pour observer le ciel. Il est long et fin, il passerait facilement dans un passage étroit.

Un grimoire est un livre de magie, composé de recettes de potions, de sorts et autres choses magiques.

Un goulot est le haut d'une bouteille dont l'entrée est étroite.

SEMAINE 3

5 C'est bien facile à dire « Buvez-moi, » mais Alice était trop fine pour obéir *à l'aveuglette.* « Examinons d'abord, » dit-elle, « et voyons s'il y a écrit dessus « *Poison* » ou non. » Car elle avait lu dans de jolis petits contes, que des enfants avaient été brûlés, dévorés par des bêtes féroces, et qu'il leur était arrivé d'autres choses très désagréables, tout cela pour ne s'être pas souvenus des *instructions* bien simples que leur donnaient leurs parents : par exemple, que le *tisonnier chauffé à blanc* brûle les mains qui le tiennent trop longtemps ; que si on se fait au doigt une coupure profonde, il saigne d'ordinaire ; et elle n'avait point oublié que si l'on boit *immodérément* d'une bouteille marquée « Poison » cela ne manque pas de *brouiller* le cœur *tôt ou tard.*
Cependant, comme cette bouteille n'était pas marquée « Poison, » Alice se *hasarda* à en goûter le contenu, et le trouvant fort bon, (au fait c'était comme un mélange de tarte aux cerises, de crème, d'ananas, de dinde truffée, de nougat, et de rôties au beurre,) elle eut bientôt tout avalé.
« Je me sens toute drôle, » dit Alice, « on dirait que je rentre en moi-même et que je me ferme comme un télescope. » C'est bien ce qui arrivait en effet. Elle n'avait plus que *dix pouces* de haut, et un éclair de joie passa sur son visage à la pensée qu'elle était maintenant de la grandeur voulue pour pénétrer par la petite porte dans ce beau jardin. Elle attendit pourtant quelques minutes, pour voir si elle allait *rapetisser* encore. Cela lui faisait bien un peu peur. « Songez donc, » se disait Alice, « je pourrais bien finir par m'éteindre comme une *chandelle.* Que deviendrais-je alors ? » Et elle cherchait à s'imaginer l'air que pouvait avoir la flamme d'une chandelle éteinte, car elle ne se rappelait pas avoir jamais rien vu *de la sorte.*

VOCABULAIRE 5

À l'aveuglette : au hasard.

Le **poison** est un liquide qui a des effets très dangereux pour notre corps.

Les instructions données par les parents sont des recommandations qu'ils nous donnent pour éviter tout danger.

Un tisonnier est une tige métallique servant à rallumer le feu, à faire tomber les cendres. Au contact avec le feu, le tisonnier devient rouge puis blanc. On dit qu'il **est chauffé à blanc**, c'est-à-dire qu'il est extrêmement chaud.

Boire **immodérément**, c'est boire de manière excessive. C'est-à-dire beaucoup trop.

Brouiller : mettre en désordre.

Tôt ou tard, c'est un moment que l'on ne peut pas fixer, mais qui arrivera.

Alice **se hasarde** à boire la bouteille, elle tente une action sans savoir si cela va lui faire du bien ou du mal.

10 pouces = 25,4 centimètres.

Rapetisser, c'est devenir plus petit.

Autrefois, **la chandelle** était un moyen d'éclairage à flamme. Elle était formée d'une mèche entourée d'un produit qui prend feu. Cet éclairage a été abandonné et remplacé par la bougie.

De la sorte : ainsi.

6 Un moment après, voyant qu'il ne se passait plus rien, elle se décida à aller de suite au jardin ; mais hélas, pauvre Alice ! en arrivant à la porte, elle s'aperçut qu'elle avait oublié la petite clef d'or. Elle revint sur ses pas pour la prendre sur la table. Bah ! impossible d'atteindre à la clef qu'elle voyait bien clairement à travers le verre. Elle fit alors tout son possible pour grimper le long d'un des pieds de la table, mais il était trop glissant ; et enfin, épuisée de fatigue, la pauvre enfant s'assit et pleura.

« Allons, à quoi bon pleurer ainsi, » se dit Alice vivement. « Je vous conseille, Mademoiselle, de *cesser* tout de suite ! » Elle avait pour habitude de se donner de très bons conseils (bien qu'elle les suivît rarement), et quelquefois elle se grondait si fort que les larmes lui en venaient aux yeux ; une fois même elle s'était donné des tapes pour avoir triché dans une partie de *croquet* qu'elle jouait toute seule ; car cette étrange enfant aimait beaucoup à faire deux personnages. « Mais, » pensa la pauvre Alice, « il n'y a plus moyen de faire deux personnages, *à présent* qu'il me reste à peine de quoi en faire un. »

Elle aperçut alors une petite boîte en verre qui était sous la table, l'ouvrit et y trouva un tout petit gâteau sur lequel les mots « MANGEZ-MOI » étaient admirablement tracés avec des *raisins de Corinthe.* « Tiens, je vais le manger, » dit Alice : « si cela me fait grandir, je pourrai atteindre à la clef ; si cela me fait rapetisser, je pourrai ramper sous la porte ; d'une façon ou de l'autre, je *pénétrerai* dans le jardin, et alors, *arrive que pourra* ! »
Elle mangea donc un petit morceau du gâteau, et, portant sa main sur sa tête, elle se dit tout inquiète : « Lequel est-ce ? Lequel est-ce ? » Elle voulait savoir si elle grandissait ou rapetissait, et fut tout étonnée de rester la même ; franchement, c'est ce qui arrive le plus souvent lorsqu'on mange du gâteau ; mais Alice avait tellement pris l'habitude de s'attendre à des choses extraordinaires, que cela lui paraissait ennuyeux et stupide de vivre comme tout le monde. Aussi elle *se remit à l'œuvre*, et eut bien vite fait disparaître le gâteau.

VOCABULAIRE 6

Cesser : s'arrêter, prendre fin.

Le croquet est un jeu qui consiste à faire passer des boules de bois sous des arceaux, grâce à des maillets, en suivant un trajet spécial.

À présent : actuellement, maintenant.

Le **raisin de Corinthe** est un raisin sec. Son nom vient de la ville de Corinthe, en Grèce.

Pénétrer signifie entrer, s'avancer à l'intérieur de quelque chose. Ici, Alice veut pénétrer dans le jardin merveilleux.

On connaît mieux l'expression « **Arrive que pourra !** », sous la forme « Advienne que pourra ! ». Ces deux expressions signifient peu importe ce qui va arriver.

Se remettre à l'œuvre, c'est se remettre au travail.

La mare aux larmes

7 « De plus très curieux en plus très curieux ! » s'écria Alice (sa surprise était si grande qu'elle ne pouvait s'exprimer correctement) : « Voilà que je m'allonge comme le plus grand télescope qui fût jamais ! Adieu mes pieds ! » (Elle venait de baisser les yeux, et ses pieds lui semblaient s'éloigner *à perte de vue.*)
« Oh ! mes pauvres petits pieds ! Qui vous mettra vos bas et vos *souliers* maintenant, mes mignons ? Quant à moi, je ne le pourrai certainement pas ! Je serai bien trop loin pour m'occuper de vous : arrangez-vous du mieux que vous pourrez. — Il faut cependant que je sois bonne pour eux, » pensa Alice, « sans cela ils refuseront peut-être d'aller du côté que je voudrai. Ah ! je sais ce que je ferai : je leur donnerai une belle paire de *bottines* à Noël. » [...]
Au même instant, sa tête heurta contre le plafond de la salle : c'est qu'elle avait alors un peu plus de *neuf pieds* de haut. Vite elle saisit la petite clef d'or et courut à la porte du jardin.
Pauvre Alice ! C'est tout ce qu'elle put faire, après s'être étendue de tout son long sur le côté, que de regarder du coin de l'œil dans le jardin. Quant à traverser le passage, il n'y fallait plus *songer.* Elle s'assit donc, et se remit à pleurer.
« Quelle honte ! » dit Alice. « Une grande fille comme vous » (« grande » était bien le mot) « pleurer de la sorte ! Allons, finissez, vous dis-je ! » Mais elle continua de pleurer, versant des *torrents* de larmes, si bien qu'elle se vit à la fin entourée d'une grande mare, profonde d'environ *quatre pouces* et s'étendant jusqu'au milieu de la salle.

VOCABULAIRE 7

Ses pieds lui semblaient **à perte de vue,** c'est-à-dire à une très grande distance.

Des souliers sont des chaussures.

Des bottines sont des chaussures montantes.

Le pied est une ancienne unité de longueur en France, qui contenait 12 pouces et valait environ 30,48 centimètres. **Neuf pieds** équivalent à 274 centimètres environ, soit presque 3 mètres.

Songer, c'est penser à quelque chose. Alice songe toujours à son jardin merveilleux qu'elle ne peut atteindre.

On parle de « **torrents** » lorsqu'un liquide coule en abondance. Ici ce sont les larmes d'Alice qui tombent en torrents.

La mare de larmes est profonde de **quatre pouces**, c'est-à-dire 10 centimètres environ.

8 Quelque temps après, elle entendit un petit bruit de pas *dans le lointain* ; vite, elle s'essuya les yeux pour voir ce que c'était. C'était le Lapin Blanc, *en grande toilette*, tenant d'une main une paire de gants *paille*, et de l'autre un large éventail. Il accourait tout affairé, *marmottant* entre ses dents : « Oh ! la Duchesse, la Duchesse ! Elle sera dans une belle colère si je l'ai fait attendre ! »
Alice se trouvait si malheureuse, qu'elle était disposée à demander secours au premier venu ; ainsi, quand le Lapin fut près d'elle, elle lui dit d'une voix *humble* et timide, « Je vous en prie, Monsieur — » Le Lapin *tressaillit d'épouvante*, laissa tomber les gants et l'éventail, se mit à courir *à toutes jambes* et disparut dans *les ténèbres*.
Alice ramassa les gants et l'éventail, et, comme il faisait très chaud dans cette salle, elle s'éventa tout en se faisant la conversation : « Que tout est étrange, aujourd'hui ! Hier les choses se passaient *comme à l'ordinaire*. Peut-être m'a-t-on changée cette nuit ! Voyons, étais-je la même petite fille ce matin en me levant ? — Je crois bien me rappeler que je me suis trouvée un peu différente. — Mais si je ne suis pas la même, qui suis-je donc, je vous prie ? Voilà l'embarras. » […]
Comme elle disait ces mots, elle fut bien surprise de voir que tout en parlant elle avait mis un des petits gants du Lapin. « Comment ai-je pu mettre ce gant ? » pensa-t-elle. « Je rapetisse donc de nouveau ? » Elle se leva, alla près de la table pour se mesurer, et jugea, autant qu'elle pouvait s'en rendre compte, qu'elle avait environ *deux pieds* de haut, et continuait de raccourcir rapidement. Bientôt elle s'aperçut que l'éventail qu'elle avait à la main en était la cause ; vite elle le lâcha, tout juste à temps pour s'empêcher de disparaître tout à fait. […]

VOCABULAIRE 8

Dans le lointain : au loin.

Une **toilette** est l'ensemble des vêtements et accessoires portés par quelqu'un. Le lapin est ici **en grande toilette**, c'est-à-dire qu'il porte de très beaux vêtements pour une occasion particulière.

Le lapin a une paire de gants **paille**. Ses gants sont d'une couleur jaune clair semblable à celle de la paille.

Marmotter, c'est dire quelque chose entre les dents. On marmotte souvent pour soi-même.

Alice prend une voix **humble** et timide pour parler au lapin. Alice a une attitude volontairement discrète et effacée pour ne pas effrayer le lapin.

Tressaillir, c'est sursauter, en particulier sous le coup d'une grande émotion. Ici, il tressaille d'**épouvante**, c'est-à-dire à cause d'une terreur soudaine.

Le lapin court **à toutes jambes**, c'est-à-dire le plus vite possible.

Les ténèbres sont une très grande obscurité. Ils peuvent provoquer la peur, l'angoisse.

Comme à l'ordinaire : comme d'habitude.

Deux pieds de haut équivalent à 60 centimètres environ.

L'habitation du Lapin Blanc

9 Au bout de quelque temps elle entendit au loin un petit bruit de pas. […]

C'était le Lapin Blanc qui revenait en trottinant, et qui cherchait de tous côtés, d'un air inquiet, comme s'il avait perdu quelque chose ; Alice l'entendit qui marmottait : « La Duchesse ! La Duchesse ! Oh ! mes pauvres pattes ; oh ! ma *robe* et mes moustaches ! Elle me fera *guillotiner* aussi vrai que des furets sont des *furets* ! Où pourrais-je bien les avoir perdus ? » Alice devina tout de suite qu'il cherchait l'éventail et la paire de gants paille, et, comme elle avait bon cœur, elle se mit à les chercher aussi ; mais pas moyen de les trouver. Du reste, depuis son bain dans la mare aux larmes, tout était changé : la salle, la table de verre, et la petite porte avaient complétement disparu.

Bientôt le Lapin aperçut Alice qui *furetait* ; il lui cria d'un ton d'impatience : « Eh bien ! Marianne, que faites-vous ici ? Courez vite à la maison me chercher une paire de gants et un éventail ! Allons, dépêchons-nous. »

Alice eut si grand' peur qu'elle se mit aussitôt à courir dans la direction qu'il indiquait, sans chercher à lui expliquer qu'il se trompait.

« Il m'a pris pour sa *bonne*, » se disait-elle en courant. « Comme il sera étonné quand il saura qui je suis ! Mais je ferai bien de lui porter ses gants et son éventail ; c'est-à-dire, si je les trouve. » Ce disant, elle arriva en face d'une petite maison, et vit sur la porte une plaque en cuivre avec ces mots, « JEAN LAPIN. » Elle monta l'escalier, entra sans frapper, tout en tremblant de rencontrer la vraie Marianne, et d'être mise à la porte avant d'avoir trouvé les gants et l'éventail.

« Que c'est drôle, » se dit Alice, « de faire des *commissions* pour un lapin ! Bientôt ce sera Dinah qui m'enverra en commission. » Elle se prit alors à imaginer comment les choses se passeraient. — « « Mademoiselle Alice, venez ici tout de suite vous *apprêter* pour la promenade. » « Dans l'instant, ma bonne ! Il faut d'abord que je veille sur ce trou jusqu'à ce que Dinah revienne, pour empêcher que la souris ne sorte. » Mais je ne pense pas, » continua Alice, « qu'on garderait Dinah à la maison si elle se mettait dans la tête de commander comme cela aux gens. »

VOCABULAIRE 9

Le lapin parle de sa **robe**, c'est-à-dire de son pelage. Une robe est définie par sa couleur, ici le blanc.

Guillotiner signifie décapiter quelqu'un par la guillotine. La guillotine est un instrument qui servait à couper la tête des personnes condamnées à mort.

Un furet est un petit animal carnivore. C'est un animal de compagnie pour l'homme. Autrefois, il était utilisé par les chasseurs pour faire sortir les lapins de leurs terriers.

Fureter signifie chasser le lapin à l'aide d'un furet. En revanche, dans notre passage, **fureter** veut dire fouiller partout, avec soin, pour découvrir des choses cachées. C'est ce que fait Alice en cherchant les gants et l'éventail.

Une bonne est une personne logée et nourrie, elle s'occupe du ménage, de la cuisine, des courses…

Une **commission** est une mission que l'on confie à quelqu'un pour qu'il fasse quelque chose à notre place.

S'apprêter, c'est s'habiller en vue de faire quelque chose. Ici, Alice doit s'apprêter, c'est-à-dire s'habiller, pour sortir se promener.

10 Tout *en causant* ainsi, Alice était entrée dans une petite chambre bien rangée, et, comme elle s'y attendait, sur une petite table dans *l'embrasure* de la fenêtre, elle vit un éventail et deux ou trois paires de gants de *chevreau* tout petits. Elle en prit une paire, ainsi que l'éventail, et allait quitter la chambre lorsqu'elle aperçut, près du miroir, une petite bouteille. Cette fois il n'y avait pas l'inscription BUVEZ-MOI — ce qui n'empêcha pas Alice de la déboucher et de la porter à ses lèvres. « Il m'arrive toujours quelque chose d'intéressant, » se dit-elle, « lorsque je mange ou que je bois. Je vais voir un peu l'effet de cette bouteille. J'espère bien qu'elle me fera regrandir, car je suis vraiment fatiguée de n'être qu'une petite *nabote* ! »

C'est ce qui arriva en effet, et bien plus tôt qu'elle ne s'y attendait. Elle n'avait pas bu la moitié de la bouteille, que sa tête touchait au plafond et qu'elle fut forcée de se baisser pour ne pas se casser le cou. Elle remit bien vite la bouteille sur la table en se disant : « En voilà assez ; j'espère ne pas grandir davantage. *Je* ne *puis* déjà plus passer par la porte. Oh ! je voudrais bien n'avoir pas tant bu ! »

Hélas ! il était trop tard ; elle grandissait, grandissait, et eut bientôt à se mettre à genoux sur le plancher. Mais un instant après, il n'y avait même plus assez de place pour rester dans cette position, et elle essaya de se tenir étendue par terre, un coude contre la porte et l'autre bras passé autour de sa tête. Cependant, comme elle grandissait toujours, elle fut obligée, comme *dernière ressource*, de laisser pendre un de ses bras par la fenêtre et d'enfoncer un pied dans la cheminée en disant : « À présent c'est tout ce que je peux faire, quoi qu'il arrive. Que vais-je devenir ? »

Heureusement pour Alice, la petite bouteille magique avait alors produit tout son effet, et elle cessa de grandir. Cependant sa position était bien gênante, et comme il ne semblait pas y avoir la moindre chance qu'elle pût jamais sortir de cette chambre, il n'y a pas à s'étonner qu'elle se trouvât bien malheureuse.

VOCABULAIRE 10

En causant : en parlant.

L'embrasure : la petite ouverture.

Le **chevreau** est le petit de la chèvre. Les gants du lapin sont en peau de **chevreau**.

Un nabot ou une **nabote** est un personnage de très petite taille et aux membres courts (bras, jambes).

Dans la phrase, « **je** ne **puis** déjà plus passer », « je puis » est le verbe pouvoir à la première personne du présent de l'indicatif, comme « je peux ». « Je puis » est une forme plus littéraire et plus soigné que « je peux ».

« Comme **dernière ressource** » signifie qu'Alice utilise sa dernière possibilité. Ici la dernière ressource d'Alice est de passer un bras par la fenêtre et une jambe par la cheminée.

Semaine 6

11 « C'était bien plus agréable chez nous, » pensa la pauvre enfant. « Là du moins je ne passais pas mon temps à grandir et à rapetisser, et je n'étais pas la *domestique* des lapins et des souris. Je voudrais bien n'être jamais descendue dans ce terrier ; et pourtant c'est assez drôle cette manière de vivre ! Je suis curieuse de savoir ce que c'est qui m'est arrivé. Autrefois, quand je lisais des contes de fées, je m'imaginais que rien de tout cela ne pouvait être, et maintenant me voilà en pleine *féerie*. On devrait faire un livre sur mes aventures ; il y aurait de quoi ! Quand je serai grande j'en ferai un, moi. — Mais je suis déjà bien grande ! » dit-elle tristement. « Dans tous les cas, il n'y a plus de place ici pour grandir davantage. »

« Mais alors, » pensa Alice, « ne serai-je donc jamais plus vieille que je ne le suis maintenant ? D'un côté cela aura ses avantages, ne jamais être une vieille femme. Mais alors avoir toujours des leçons à apprendre ! Oh, je n'aimerais pas cela du tout. »

« Oh ! Alice, petite folle, » se répondit-elle. « Comment pourriez-vous apprendre des leçons ici ? Il y a à peine de la place pour vous, et il n'y en a pas du tout pour vos livres de leçons. »

Et elle continua ainsi, faisant tantôt les demandes et tantôt les réponses, et établissant sur ce sujet toute une conversation ; mais au bout de quelques instants elle entendit une voix au dehors, et s'arrêta pour écouter.

« Marianne ! Marianne ! » criait la voix ; « allez chercher mes gants bien vite ! »

Puis Alice entendit des *piétinements* dans l'escalier. Elle savait que c'était le Lapin qui la cherchait ; elle trembla si fort qu'elle en *ébranla* la maison, oubliant que maintenant elle était mille fois plus grande que le Lapin, et n'avait rien à craindre de lui.

VOCABULAIRE 11

De la même manière qu'une bonne, un ou une **domestique** est une personne chargée d'entretenir une maison, faire la cuisine, les courses à la place des habitants de la maison.

Une **féerie** est un monde merveilleux de fées. On parle aussi de **féerie** pour dire qu'un spectacle est d'une grande beauté.

Piétiner veut dire avancer très lentement, à petits pas. Les **piétinements** sont les bruits de ces petits pas.

Ébranler, c'est faire trembler le sol, une construction, par des secousses. Ici, c'est la maison qui est ébranlée.

12 Le Lapin, arrivé à la porte, essaya de l'ouvrir ; mais, comme elle s'ouvrait *en dedans* et que le coude d'Alice était fortement appuyé contre la porte, la tentative fut vaine. Alice entendit le Lapin qui murmurait : « C'est bon, je vais faire le tour et j'entrerai par la fenêtre. »
« *Je t'en défie !* » pensa Alice. Elle attendit un peu ; puis, quand elle crut que le Lapin était sous la fenêtre, elle étendit le bras tout à coup pour le saisir ; elle ne prit que du vent. Mais elle entendit un petit cri, puis le bruit d'une chute et de vitres cassées (ce qui lui fit penser que le Lapin était tombé sur les *châssis* de quelque *serre* à concombre), puis une voix colère, celle du Lapin : « Patrice ! Patrice ! où es-tu ? » Une voix qu'elle ne connaissait pas répondit : « Me v'là, not' maître ! J'bêchons la terre pour trouver des pommes ! »
« Pour trouver des pommes ! » dit le Lapin furieux. « Viens m'aider à me tirer d'ici. » (Nouveau bruit de vitres cassées.)
« Dis-moi un peu, Patrice, qu'est-ce qu'il y a là à la fenêtre ? »
« Ça, not' maître, c'est un bras. »
« Un bras, imbécile ! Qui a jamais vu un bras de cette dimension ? Ça bouche toute la fenêtre. »
« Bien sûr, not' maître, mais c'est un bras tout de même. »
« Dans tous les cas il n'a rien à faire ici. Enlève-moi ça bien vite. »

Il se fit un long silence, et Alice n'entendait plus que des chuchotements de temps à autre, comme : « Maître, j'osons point. » — « Fais ce que je te dis, *capon* ! » Alice étendit le bras de nouveau comme pour agripper quelque chose ; cette fois il y eut deux petits cris et encore un bruit de vitres cassées. « Que de châssis il doit y avoir là ! » pensa Alice. « Je me demande ce qu'ils vont faire à présent. Quant à me retirer par la fenêtre, je le souhaite de tout mon cœur, car je n'ai pas la moindre envie de rester ici plus longtemps ! »

VOCABULAIRE 12

La porte s'ouvre **en dedans**, c'est-à-dire vers l'intérieur de la pièce.

La tentative du lapin est **vaine**, c'est-à-dire sans effet. Il ne réussit pas à ouvrir la porte.

« **Je t'en défie !** », en disant cela Alice encourage le lapin à rentrer par la fenêtre, en sous-entendant qu'il en est incapable.

Une **serre** est une construction aux parois transparentes (plastique ou verre) permettant de créer, pour les plantes, de très bonnes conditions pour pousser.

Les **châssis** sont les cadres qui soutiennent les vitres de la **serre** à concombres.

Capon : lâche, peureux.

SEMAINE 7

13 Il se fit quelques instants de silence. À la fin, Alice entendit un bruit de petites roues, puis le son d'un grand nombre de voix ; elle distingua ces mots : « Où est l'autre échelle ? — Je n'avais point qu'à en apporter une ; c'est Jacques qui a l'autre. — Allons, Jacques, apporte ici, mon garçon ! — Dressez-les là au coin. — Non, attachez-les d'abord l'une au bout de l'autre. — Elles ne vont pas encore moitié assez haut. — Ça fera l'affaire ; ne soyez pas si difficile. — Tiens, Jacques, attrape ce bout de corde. — Le toit portera-t-il bien ? — Attention à cette tuile qui ne tient pas. — Bon ! la voilà qui dégringole. Gare les têtes ! » (Il se fit un grand fracas.) « Qui a fait cela ? — Je crois bien que c'est Jacques. — Qui est-ce qui va descendre par la cheminée ? — Pas moi, bien sûr ! Allez-y, vous. — Non pas, vraiment. — C'est à vous, Jacques, à descendre. — Hohé, Jacques, not' maître dit qu'il faut que tu descendes par la cheminée ! »

« Ah ! » se dit Alice, « c'est donc Jacques qui va descendre. Il paraît qu'on *met tout sur le dos de* Jacques. Je ne voudrais pas pour beaucoup être Jacques. Ce *foyer* est étroit certainement, mais je crois bien que je pourrai tout de même lui lancer un coup de pied. »

Elle retira son pied aussi bas que possible, et ne bougea plus jusqu'à ce qu'elle entendît le bruit d'un petit animal (elle ne pouvait deviner de quelle espèce) qui grattait et cherchait à descendre dans la cheminée, juste au-dessus d'elle ; alors se disant : « Voilà Jacques sans doute, » elle lança un bon coup de pied, et attendit pour voir ce qui allait arriver.

La première chose qu'elle entendit fut un cri général de : « Tiens, voilà Jacques en l'air ! » Puis la voix du Lapin, qui criait : « Attrapez-le, vous là-bas, près de la haie ! » Puis un long silence ; ensuite un mélange *confus* de voix : « Soutenez-lui la tête. — De l'eau-de-vie maintenant. — Ne le faites pas *engouer*. — Qu'est-ce donc, vieux camarade ? — Que t'est-il arrivé ? Raconte-nous ça ! » Enfin une petite voix faible et *flûtée* se fit entendre. (« C'est la voix de Jacques, » pensa Alice.) « Je n'en sais vraiment rien. Merci, c'est assez ; je me sens mieux maintenant ; mais je suis encore trop bouleversé pour vous *conter* la chose. Tout ce que je sais, c'est que j'ai été poussé comme par un ressort, et que je suis parti en l'air comme une fusée. » [...]

VOCABULAIRE 13

Mettre quelque chose sur le dos de quelqu'un, c'est considérer que cette personne est responsable de ce qui arrive. Ici, c'est Jacques qui est désigné comme responsable.

Le **foyer** est le lieu où l'on fait le feu. Il s'agit de l'endroit dans lequel Alice a enfoncé une de ses jambes.

Alice perçoit un mélange **confus** de voix, c'est-à-dire qu'elle n'entend pas bien les voix qui sont toutes mélangées.

Engouer, c'est obstruer le gosier, la gorge. On comprend que le lapin demande qu'on s'écarte de Jacques pour ne pas l'étouffer.

Une voix **flûtée** rappelle le son d'une flûte.

Conter : raconter.

14 Quelques minutes après, les *allées et venues* recommencèrent, et Alice entendit le Lapin, qui disait : « Une *brouettée* d'abord, ça suffira. »

« Une brouettée de quoi ? » pensa Alice. Il ne lui resta bientôt plus de doute, car, un instant après, une *grêle* de petits cailloux vint *battre* contre la fenêtre, et quelques-uns même l'atteignirent au visage. « Je vais bientôt mettre fin à cela, » se dit-elle ; puis elle cria : « Vous ferez bien de ne pas recommencer. » Ce qui produisit encore un profond silence.

Alice remarqua, avec quelque surprise, qu'en tombant sur le plancher les cailloux se changeaient en petits gâteaux, et une brillante idée lui traversa l'esprit. « Si je mange un de ces gâteaux, » pensa-t-elle, « cela ne manquera pas de me faire ou grandir ou rapetisser ; or, je ne puis plus grandir, c'est impossible, donc je rapetisserai ! »

Elle avala un des gâteaux, et s'aperçut avec joie qu'elle diminuait rapidement. Aussitôt qu'elle fut assez petite pour passer par la porte, elle s'échappa de la maison, et trouva toute une foule d'oiseaux et d'autres petits animaux qui attendaient dehors. Le pauvre petit lézard, Jacques, était au milieu d'eux, soutenu par des cochons d'Inde, qui le faisaient boire à une bouteille. Tous se précipitèrent sur Alice aussitôt qu'elle *parut* ; mais elle se mit à courir de toutes ses forces, et se trouva bientôt *en sûreté* dans un bois *touffu*.

« La première chose que j'aie à faire, » dit Alice en errant *çà et là* dans les bois, « c'est de revenir à ma première grandeur ; la seconde, de chercher un chemin qui me conduise dans ce ravissant jardin. C'est là, je crois, ce que j'ai de mieux à faire ! »

Lewis Carroll

Traduction d'Henri Bué

VOCABULAIRE 14

Des **allées et venues** sont des déplacements de personnes qui vont et viennent.

Une **brouettée** est le contenu d'une brouette.

Une **grêle** est une grande quantité de choses qui tombent. Ici, il s'agit d'une grêle de petits cailloux.

Battre : frapper.

« Elle parut » est la 3e personne du singulier du verbe **paraître** au passé-simple. **Paraître** signifie se montrer, se présenter quelque part.

Alice se trouve e**n sûreté**, c'est-à-dire à l'abri de tout danger.

Le bois est **touffu**, épais, formé de nombreux arbres et buissons.

Çà et là : un peu partout, par-ci par-là, à droite à gauche.

ATELIER THÉÂTRE

L'imaginaire sensoriel - Jouer en chœur

Quand un enfant joue, seul ou avec des amis, il joue souvent un rôle et des situations imaginaires. Il agit en créant tout un monde autour de lui. De même, un acteur utilise beaucoup son imagination, afin d'exprimer des émotions sincères. Le plus souvent, les acteurs travaillent à plusieurs, dans une troupe où chacun a son rôle.

1. Relaxation et mémoire sensorielle

Les élèves s'allongent au sol sur le dos, bras le long du corps, yeux fermés. Le professeur lit les indications ci-dessous à voix haute, en laissant une minute environ pour chaque sensation :

- Sentez l'air qui entre par le nez, faisant gonfler légèrement le ventre, et qui sort par la bouche, faisant dégonfler le ventre (5 fois).
- Imaginez une gorgée de chocolat chaud dans votre bouche.
- Imaginez une fraise dans votre bouche (son goût, sa texture, sa fraîcheur).
- Sentez l'air qui entre par le nez, faisant gonfler légèrement le ventre, et qui sort par la bouche, faisant dégonfler le ventre.
- Laissez votre corps devenir de plus en plus lourd sur le sol : les pieds, les jambes, le bassin, le dos, les épaules, les bras, la tête.

Sentez votre corps se remplir de chaleur : les pieds, les jambes, le bassin, le dos, les épaules, les bras, la tête.

- Imaginez l'odeur de la forêt après la pluie. Respirez cette odeur.
- Imaginez maintenant un paysage autour de vous. Mer, campagne, montagne, forêt... le paysage de vos rêves. Vous êtes couché au milieu de ce paysage, imaginez le sol sur lequel vous êtes allongé, la végétation qui vous entoure, l'heure de la journée (matin, coucher de soleil, après-midi ?) Imaginez les sons que vous entendez (oiseaux, vagues, vent dans les arbres...).
  Profitez de ce moment dans ce paysage que vous aimez. Prenez une photo imaginaire de ce paysage. Vous pourrez la regarder plus tard.

Écoutez maintenant les bruits réels, ici et maintenant dans la rue au-dehors, dans la classe du dessus, dans cette classe, dans votre corps). Sentez l'air qui entre par le nez, qui sort par la bouche. En silence, ouvrez doucement vos yeux et très doucement, mettez-vous en boule sur le côté, puis à genoux, dos et tête enroulés. Relevez le dos, puis la tête. En respirant profondément, levez-vous très lentement. Étirez-vous et marchez doucement, comme quand vous venez de vous réveiller le matin.

ATELIER THÉÂTRE

2. Le vrai du faux

L'espace de jeu est délimité en deux par un trait sur le sol. Dans la partie gauche, l'élève parle de choses vraies (qui il est, ce qu'il ressent, la vie de l'école ou de la maison, un fait de société, etc). Dans l'autre partie, il imagine, joue et raconte tout ce qu'il souhaite (il est un personnage extraordinaire, un animal, il change d'âge, un paysage extraordinaire l'entoure, un monstre l'attaque, etc). L'élève passe d'un côté à l'autre aussi souvent qu'il le souhaite, ajustant son propos à l'espace où il se trouve.

*« Dans la partie **Vérité**, utilise ta voix naturelle sans la transformer, et sois complètement sincère. Dans la partie **Invention**, transforme-toi le plus possible. Si tu deviens chat par exemple, bouge comme un chat, imite une voix féline, exprime des traits de caractère attribués au chat. »*

3. J'ai peur - Je fais peur

Comme dans l'exercice précédent, l'espace est divisé en deux, mais la partie gauche est appelée *J'ai peur* et la partie droite : *Je fais peur*. Cette fois, l'exercice se fait à deux. Les deux acteurs improvisent ensemble et passent d'un côté à l'autre aussi souvent qu'ils le souhaitent. Ils peuvent être chacun d'un côté, ou tous deux du même côté.

4. Le chœur

Lire une première fois le texte ci-dessous en cherchant ensemble, par la voix, le son approprié à chaque illustration mentionnée en rose. Livres fermés, les élèves écoutent ensuite le texte lu par le professeur, et illustrent l'histoire tous en chœur.

Alice, assise auprès de sa sœur sur le gazon (bourdonnements d'abeilles), commençait à s'ennuyer de rester là à ne rien faire (soufflement d'ennui). Tout à coup un Lapin Blanc aux yeux roses passa près d'elle, et Alice ne trouva même pas très extraordinaire d'entendre parler le Lapin qui se disait : (« Ah ! J'arriverai trop tard ! ») Cependant, quand le Lapin vint à tirer une montre de son gousset (Tic tic tic tac), la regarda, puis se prit à courir de plus belle, (pas de course) Alice s'élança sur ses traces (pas de course). Un instant après, Alice était à la poursuite du Lapin dans le terrier, sans songer comment elle en sortirait. Tout à coup, le tunnel du terrier plongeait perpendiculairement d'une façon si brusque qu'Alice se sentit tomber (« Ooohh ! ») comme dans un puits d'une grande profondeur, avant même d'avoir pensé à se retenir.

Tombe, tombe, tombe ! Quand tout à coup, pouf ! La voilà étendue sur un tas de fagots et de feuilles sèches, - et elle a fini de tomber. Alice voit devant elle un long passage et le Lapin Blanc qui court à toutes jambes (pas de course). Il n'y a pas un instant à perdre ; Alice part comme le vent (coup de vent) et arrive tout juste à temps pour entendre le Lapin dire, tandis qu'il tourne le coin : « Par ma moustache et mes oreilles, comme il se fait tard ! »

SEMAINE 1

1 Questions de compréhension

page 118

1- À partir de quel paragraphe l'histoire ne vous semble-t-elle plus réelle ? Justifiez votre réponse.

2- Pourquoi Alice court-elle après le lapin ?

3- À votre avis, que s'est-t-il passé pour qu'il arrive tant de choses extraordinaires à Alice ?

Construire une phrase

« Le lapin était petit, blanc, habillé d'un gousset et très pressé. »
- Combien cette phrase compte-t-elle d'adjectifs qualificatifs ?
- À quel nom se rapportent-ils ?
- À l'aide de quel signe les sépare-t-on ?
- Recopiez cette phrase en soulignant les adjectifs et en écrivant les virgules en rouge.

« Alice s'ennuyait, réfléchissait, rêvassait lorsqu'un Lapin Blanc apparut. »
- Combien cette phrase compte-t-elle de verbes ?
- Quel est leur sujet ?
- À l'aide de quel signe les sépare-t-on ?
- Recopiez cette phrase en soulignant les verbes et en écrivant les virgules en rouge.

« Alice, sa sœur et leur petite chatte Dinah jouaient tranquillement dans l'herbe. »
- Quel est le verbe ?
- Quels sont les sujets du verbe ?
- Par quel signe sont-ils séparés ?
- Recopiez la phrase en soulignant les sujets et en écrivant les virgules en rouge.

« En pleine après-midi, Alice, assise auprès de sa sœur sur le gazon, aperçut un Lapin Blanc. »
- Quel est le verbe ? Quel est son sujet ?
- Quelles sont les fonctions des groupes nominaux ? Retrouvez les groupes de mots soulignés.
- Par quel signe ces groupes nominaux de mots sont-ils séparés ?
- Recopiez la phrase en soulignant les compléments du verbe et en écrivant les virgules en rouge.

2 Questions de compréhension

page 119

1- Décrivez le terrier.

2- À quelle allure Alice tombe-t-elle dans le puits ? Cela vous paraît-il normal ?

3- Alice se rend-elle compte de ce qui lui arrive ? Retrouvez la phrase qui vous permet de répondre.

4- Racontez le rêve d'Alice.

Composer un petit texte

1- Complétez les phrases avec des **sujets** et des **compléments**.

Le Lapin passe (**comment ?**) … . Il regarde (**quoi ?**) … . Puis il disparaît (**où**) … . (**Qui ?**) … court derrière lui. Puis (**qui ?**) … tombe (**où ?**) … .

2- Recopiez ce résumé en ajoutant les virgules.

C'est l'été il fait chaud très chaud. Une petite fille Alice est allongée sur l'herbe à côté de sa sœur. Après quelques minutes à regarder le livre de sa sœur elle commence à s'ennuyer à réfléchir à rêvasser. Bientôt elle s'endort rêve et découvre un monde merveilleux.

SEMAINE 2

3 **Questions de compréhension**

page 120

1- Qu'arrive-t-il à Alice en plein milieu de sa chute ?

2- Racontez comment se termine la chute d'Alice.

3- Décrivez l'attitude du lapin.

Construire une phrase

1- La liste suivante donne les réponses à quatre questions. Inventez les **questions**. Elles doivent porter sur les mots en gras.

… ? Dinah remarquera l'absence d'Alice **ce soir**.

… ? L'animal de compagnie d'Alice est **un petit chat**.

… ? Le chat d'Alice s'appelle **Dinah**.

… ? Il n'y a pas de souris **dans les airs**.

2- Complétez les phrases ci-dessous à l'aide des **exclamations** :

Ouf ! Pouf ! Vite ! Tombe, tombe, tombe ! Hélas !

… ! Alice tombait sans s'arrêter.

… ! Elle atterrit dans un petit couloir.

… ! Alice ne s'était pas fait le moindre mal.

… ! Elle partit, comme le vent, à la poursuite du Lapin Blanc.

… ! Quand Alice arriva au bout du couloir, le Lapin avait disparu.

4 **Questions de compréhension**

page 122

1- Où Alice se retrouve-t-elle ?

2- À quoi lui sert la clef d'or ?

3- Le monde qui s'offre à Alice vous paraît-il effrayant et dangereux ou merveilleux et intrigant ? Expliquez pourquoi.

Composer un petit texte

1- **Terminez les phrases** pour écrire un petit texte.

Alice ne peut rattraper le Lapin Blanc, car … .

Elle arrive dans une salle garnie de … .

Elle essaie d'ouvrir les portes, mais … .

Alors elle se demande avec inquiétude comment … .

2- Alice trouve une petite clef d'or. Livre fermé, **racontez** dans un petit paragraphe au présent ce qu'elle fait avec cette clef.

SEMAINE 3

5 **Questions de compréhension** page 123

1- Alice hésite à boire le contenu du flacon. Pourquoi ?

2- Elle boit. Que lui arrive-t-il ensuite ?

3- Racontez le rêve d'Alice.

Construire une phrase

1- Quelle est la nature des mots soulignés dans le texte 5 ? Pour chacun, dites s'il sert à préciser ou modifier le sens d'un verbe, d'un adjectif, d'un autre adverbe ou d'une partie de la phrase.

2- Choisissez quatre adverbes et utilisez-les chacun dans une phrase.

6 **Questions de compréhension** page 124

1- Dans le deuxième paragraphe, à qui Alice parle-t-elle ? Pourquoi ?

2- Pourquoi ne peut-elle plus faire deux personnages ?

3- À quoi Alice prend-elle goût dans son rêve ?

4- Qu'arrivera-t-il si Alice grandit ? Pourra-t-elle aller dans le jardin ?

Composer un petit texte

« *Aussi elle se remit à l'œuvre, et eut bien vite fait disparaître le gâteau.* » À la manière d'Alice, inventez un petit **dialogue** avec elle-même pendant qu'elle mange le gâteau. Écrivez les réponses.

Alice prit le gâteau entre ses mains et se demanda inquiète :

- « Dois-je manger le gâteau en entier ?

- ...

- Alors, quel goût a-t-il ce petit gâteau ? dit Alice avec gourmandise.

- ...

- Je crois n'avoir jamais mangé un dessert aussi bon ! Peut-être Dinah aimerait-elle y goûter ? pensa Alice.

- ...

- Quelle taille puis-je bien avoir maintenant ? songea Alice avec curiosité.

- ... »

Alice attrapa la clef et se dirigea vers la petite porte.

SEMAINE 4

7 **Questions de compréhension** page 126

1- *« De plus très curieux en plus très curieux ! »* Utilisez une expression correcte pour corriger Alice.

2- Pourquoi Alice pleure-t-elle ?

3- Racontez le rêve d'Alice.

Construire une phrase

1- Complétez le texte avec les **déterminants possessifs** qui conviennent (sa, ses, mes, vos).

À … grande surprise, Alice aperçoit … pieds qui s'éloignent à perte de vue. Tandis que … tête heurte le plafond, … pauvres petits pieds lui paraissent à des kilomètres. Elle dit alors : « Adieu … pieds ! Quel malheur, qui donc pourra vous mettre … bas et … souliers ? »

2- Imaginez le lapin qui revient et qui, étonné, pose des **questions** à Alice pour lui demander ce que sont devenus :

Ses pieds (qui ont presque disparu de sa vue) ;
Sa tête (qui vient de heurter le plafond) ;
Ses vêtements (qui pourraient habiller un géant) ;
Son corps (qui ne pourra plus passer par la petite porte) ;
Ses jambes (qui ont du mal à trouver de la place dans cette petite pièce).

Exemple : *Et vos pieds, comment vont-ils ?*
- Mes pieds ont presque disparu de ma vue !
Et votre tête, comment va-t-elle ? - Ma tête…

8 **Questions de compréhension** page 127

1- À l'aide de ce texte et des précédents, décrivez les vêtements et accessoires portés par le lapin. À votre avis, pour quelle occasion est-il en grande toilette ?

2- Pourquoi le lapin tressaille-t-il d'épouvante ?

3- Qu'est-ce qu'Alice trouve étrange aujourd'hui ? Donnez des exemples tirés du texte et des précédents.

Composer un petit texte

1- Remettez les phrases dans l'ordre :

- Alice mange un gâteau qui la fait grandir et lui permet d'atteindre la clef.
- Elle boit un liquide qui la rend minuscule, mais ne peut plus atteindre la clef de la petite porte.
- Alice est tellement grande qu'elle ne peut plus aller dans le jardin merveilleux.
- Malheureuse, Alice verse des torrents de larmes qui forment une petite mare au milieu de la pièce.
- Alice découvre une petite porte qui donne sur le plus ravissant jardin du monde. Mais le passage vers le jardin est trop étroit pour pouvoir passer.

2- Après avoir rapetissé, Alice glisse dans sa mare de larmes. Tout en nageant pour essayer d'en sortir, elle aperçoit une souris qui nage à ses côtés. **Racontez** cette histoire.

Idée à développer : Que fait Alice ? Où est-elle ? Elle aperçoit une bête énorme ! (Alice mesure 10 centimètres) Décrivez-la. (Utilisez beaucoup d'adjectifs). Quels sentiments Alice ressent-elle à la vue de cette bête ? Finalement, elle se souvient qu'elle ne mesure plus que quelques centimètres. Quel animal découvre-t-elle ? Imaginez comment Alice sort de l'eau.

SEMAINE 5

9 Questions de compréhension

page 128

1- Pour qui Alice est-elle prise ?

2- Quelle commission Alice fait-elle pour le lapin ?

3- Racontez la suite du rêve d'Alice.

Construire une phrase

1- Dans le phrases suivantes, remplacez les pointillés par le mot de liaison qui convient : qui, que, qu', où, dont.

C'était le Lapin Blanc … revenait en trottinant.
Le Lapin cherchait l'endroit … étaient tombés ses gants et son éventail.
La Duchesse le fera guillotiner aussi vrai … des furets sont des furets !
Alice devina … il cherchait l'éventail et la paire de gants paille.
Le Lapin cherche les accessoires … il a besoin pour se rendre chez la Duchesse.

2- Dans les phrases suivantes, remplacez les pointillés par le mot de liaison qui convient : pour que, quand, lorsque, si.

Alice rêvassait, … un lapin blanc aux yeux roses passa près d'elle.
Alice devint minuscule, … elle but le contenu de la bouteille.
Alice mangea du gâteau, … son corps se transforma à nouveau.
Alice pourrait atteindre la clef, … elle grandissait.
… Alice s'inquiétait de ses pauvres pieds, sa tête heurta le plafond.
Alice courut vers la petite porte, … elle put attraper la clef.

10 Questions de compréhension

page 129

1- En quoi l'inscription « BUVEZ-MOI » aurait pu faire hésiter Alice ?

2- Pourquoi est-il fatigant pour Alice d'être petite ?

3- Comme si vous grandissiez dans un espace trop petit, mimez une position de plus en plus inconfortable, comme celle d'Alice.

Composer un petit texte

1- **Décrivez** à votre façon la chambre du Lapin Blanc, en essayant de détailler à quel point tout est bien rangé et soigné.

Utilisez de nombreux adjectifs et n'oubliez pas la ponctuation !

2- Achevez les phrases suivantes en utilisant le futur :

Dès qu'Alice aura bu le liquide, … (Qu'arrivera-t-il à Alice ?)
Lorsque le liquide magique aura terminé sont effet, … (Dans quelle position sera-t-elle ?)
Quand elle se rendra compte de son état, … (Quel sentiment ressentira-t-elle ?)
Tandis que sa sœur lira tranquillement sur l'herbe, … (Où Alice sera-t-elle bloquée ?)

SEMAINE 6

11 Questions de compréhension

page 131

1- À quel (genre) de livre ressemble le rêve d'Alice ?

2- Pourquoi ne peut-elle pas être plus vieille ? Qu'est-ce qui dérange Alice si elle reste jeune ?

3- Qu'est-ce qui ébranle la maison ? Pourquoi ?

4- Racontez le rêve d'Alice depuis son arrivée chez le Lapin Blanc.

Construire une phrase

1- À l'aide de chacune des expressions à mettre au **futur**, dites l'espoir d'Alice, un jour :

- de sortir de cette minuscule maison.
- de rentrer chez elle.
- de retrouver sa chatte Dinah.
- d'arrêter de grandir et de rapetisser sans cesse.
- d'écrire un livre sur ses aventures.

Exemple : « *Un jour, je sortirai de cette minuscule maison.* »

2- Même exercice que le n°1, mais en imitant la phrase suivante : « Et qui sait ? si je pouvais me réveiller, je sortirais de cette minuscule maison ! »

12 Questions de compréhension

page 132

1- Pourquoi le lapin ne peut-il ouvrir la porte ? Mimez l'action du lapin.

2- Qui est traité de « capon » par le lapin ? Décrivez ce nouveau personnage (D'où vient-il ? Comment parle-t-il ?)

3- Résumez en quelques phrases l'histoire d'Alice.

Composer un petit texte

Résumez l'histoire d'Alice par écrit, pour la raconter à un camarade. Utilisez le présent. (Pour vous aider, voici quelques connecteurs que vous pouvez utiliser pour raconter l'histoire : Au début, tout à coup, ensuite, quand, mais, après, lorsque, puis, alors, enfin, à la fin, pour finir...)

Alice au pays des merveilles, c'est l'histoire d'une petite fille qui s'appelle Alice.

Elle rêve tranquillement sur l'herbe quand tout à coup...

SEMAINE 7

13 Questions de compréhension

page 133

1- Citez trois personnages qui s'activent pour faire sortir Alice de la maison du Lapin Blanc.

2- Racontez les mésaventures de Jacques.

3- Imaginez un moyen pour faire sortir Alice de cette petite maison.

Construire une phrase

1- Dans les phrases suivantes, remplacez les pointillés par le mot de liaison qui convient : qui, qu', où, dont, tandis que.

Assise dans l'herbe, Alice rêve … sa sœur lit un livre. Alice voit passer un lapin blanc … regarde sa montre et jure … il est en retard. Elle le suit dans son terrier et tombe dans un monde extraordinaire … elle rapetisse et grandit. Il arrive à Alice des tas de mésaventures … elle sortira grandie.

2- Complétez le dialogue suivant en ajoutant des points, des points d'interrogation ou des points d'exclamation à la place des triangles. (Attention ! Vous devez aller à la ligne comme sur le livre.)

On entendit une voix colère, celle du lapin :

« Patrice Δ Patrice Δ où es-tu Δ

- Me v'là, not' maître Δ
- Dis-moi un peu, Patrice, qu'est-ce qu'il y a là à la fenêtre Δ
- Ça, not' maître, c'est un bras Δ
- Un bras, imbécile Δ Qui a jamais vu un bras de cette dimension Δ Ça bouche toute la fenêtre Δ
- Bien sûr, not' maître, mais c'est un bras tout de même Δ
- Dans tous les cas, il n'a rien à faire ici Δ Enlève-moi ça bien vite Δ »

14 Questions de compréhension

page 135

1- Quelle solution le lapin a-t-il trouvée pour faire sortir Alice de sa maison ?

2- Alice se cache dans un bois touffu, de qui se protège-t-elle ?

3- Que projette-t-elle de faire pour la suite de ses aventures ? Que pourrait-il bien lui arriver maintenant ?

4- Racontez à votre tour un rêve extraordinaire que vous avez fait.

Composer un petit texte

1- Alice envoie une lettre au lapin pour s'excuser du dérangement qu'elle a causé dans sa petite maison. **Inventez cette lettre**.

Pensez à respecter la présentation d'une lettre, excusez-vous d'être entré dans la maison, d'avoir été tenté de boire la petite bouteille, d'avoir dérangé toute la chambre en grandissant, de lui avoir fait peur… et de lui avoir fait perdre son temps. Pour finir vous proposerez une solution pour réparer les dégâts.

2- Ce livre est fini. Rédigez un paragraphe pour **expliquer** laquelle des cinq œuvres vous a le plus intéressé. Essayez de donner vos raisons, vos arguments.

IMPRIM'VERT®

Achevé d'imprimer en France en avril 2014 par Pollina - L68415
Dépôt légal : mai 2014 - N° d'éditeur : 2014_0544

PEFC 10-31-2065